長江學術文献大系
哲学卷
佛教与社会研究丛书
四川大学佛教与社会研究所研究丛书

传统视域下的錢穆

中外文明交流史数论

吴华　黄豪　郭俊良　周上群／著

上海圖書館
上海科学技术文献出版社

图书在版编目（CIP）数据

传统视域下的钱穆——中外文明交流史数论 / 吴华，黄豪，郭俊良，周上群著. —上海：上海科学技术文献出版社，2015.4

（长江学术文献大系）

ISBN 978-7-5439-6627-7

Ⅰ. ①传… Ⅱ. ①吴…②黄…③郭…④周… Ⅲ. ①钱穆（1895～1990）—人物研究 Ⅳ. ①K825.81

中国版本图书馆 CIP 数据核字（2015）第 069375 号

责任编辑：张　树

特约编辑：张红义　施　维

传统视域下的钱穆——中外文明交流史数论

吴　华　黄　豪　郭俊良　周上群　著

*

上海科学技术文献出版社出版发行

（上海市长乐路 746 号　邮政编码 200040）

全国新华书店经销

四川省南方印务有限公司印刷

*

开本 700×1000　1/16　印张 10.5　字数 210000

2015 年 4 月第 1 版　　2015 年 4 月第 1 次印刷

ISBN 978-7-5439-6627-7

定价：32.00 元

http://www.sstlp.com

前　言

人类文明的伟大之处在于交流互鉴。不管是中华文明远传西方，还是世界智慧流入本土，不同文明之间的交流使人们认识到他者的力量，也通过他者提升了自我，从而促使了人类整体文明的前进。佛学自古老的印度传入中国，并在中华大地上开花结果，繁衍至世界各地，被视为中外文明交流史上的典范。佛学研究在当前主要表现为一门学问，而佛教在历史长河中则是作为一种宗教组织出现。如何认识古老的佛教传统在当前社会中的作用与影响，需要对佛教的社会化进行研究。佛教社会化包含了佛教作为外来文明适应国家体制与社会生活的方方面面，具体研究难以完全涉及。因此，本书希望从几个社会民众较为关心的问题入手，探讨作为外来文明——佛教的教义教理如何对具体的人事物产生影响。这几个问题大致包括了佛教对历史人物的影响、佛教中的神话形象以及佛教中的动物传统，还有佛教的化缘等社会认知层面上的基础性话题，希望对研究佛教与社会的关系有所促进。

以下简要介绍本书四编的主要内容：

第一编　传统视域下的钱穆及其人生。这一编通过对历史学家钱穆先生人生之中的佛学元素进行分析，挖掘他的佛学思想，阐发他的人生哲学。该编第一章提出钱先生虽然被标举为新儒家的代表人物，然而，不管是从社会生活实践角度还是个人的学术思想层面来看，他都是一个深受佛学元素影响的典型人物。钱穆学习的是佛学思想，日常使用的是静坐养身方法。他虽秉承宋明理学以来的儒统，但钦羡佛学中第一流人物救世的情怀。通过钱穆以出世之精神做入世之事情的人生态度，有助于理解传统知识分子对社会的贡献与其宗教信仰观念的关系，对于当前的社会教育亦有一定的启发作用。

第一编第二章着眼于钱穆的佛学思想。在钱穆一生的论述中，关于佛学的话题，着墨虽不多，但评价甚高，不容忽视。他的佛学思想丰富而成体系，主要表现在：一、评判佛学学术思想地位；二、辨析禅宗思想发展脉络；三、阐述禅宗与理学的关系。钱穆写史不离儒家立场，因此对佛学或禅宗的点评均常与儒家、儒统作比。然而，他能一反古代正史略述、少述乃至于回避宗教的风气，而给予佛学与禅宗甚高的评价，实属难能可贵。

第一编第三章探讨钱穆的人生哲学。钱穆是一个坚持中国传统的历史学家，对他人生、生命的探讨有利于真正把握其人生思想，并对其文化遗产、历史贡献作出妥当的评价。本章通过“道德人生”“知行合一”“天人合一”三个角度对钱穆晚年的人生感悟作一分析，推证出他晚年所彻悟而又最感快慰的“天人合一”观正，是建立在其九十多年“知行合一”的“道德人生”践履之上。这既是他的人生哲学，也是其宗教信仰观的重要体现。通过这一点，可以清楚钱穆“一生为故国招魂”的思想基础，同时还可以为当下信仰迷失的社会寻找时代精神做一借鉴。

本书第二编是研究佛教中的神话形象——金翅鸟。金翅鸟是重要的佛教护法神，位居八部鬼神之列。金翅鸟在印度本是鸟崇拜的一种反映，体现的是生殖崇拜的观念。随着婆罗门教的兴起和发展，金翅鸟作为一种土著图腾被吸收进雅利安人的信仰系统。他在这个信仰神系中的地位在印度史诗时期也得到明显提升，成为大神毗湿奴的坐骑。佛教在吸收婆罗门教思想的时候也把包括金翅鸟在内的众多神灵一并吸纳了过来，金翅鸟由此成为佛教的主要护法神。这个本来具有印度纯正血统的佛教神灵随着佛教传入中国后，融合了同样作为图腾的中国鸟崇拜元素（主要是大鹏和凤凰），从外形到内涵都发生了很大的变化，演变成中印杂交的“混血儿”。其影响也远远超出佛教的范畴，常常作为石窟壁画、文学作品的素材，甚至成为民众崇拜的对象。

本书第三编研究佛教中的动物传统及其禁忌，该编主要分两章。第一章讲述了佛教对中国禁止杀牛传统的宗教影响，这是一个主要存在于汉传佛教居士中的重要问题，即信佛禁止吃牛肉。通过对这一传统进行历史性考察与宗教学的理性分析，可以发现我国的牛耕技术始于春秋战国时期，到汉朝之际已经较为普及。牛耕技术的出现极大地节省了社会劳动力，扩大了生产规模，促进了社会生产力的发展。在没有自动化农业机械的古代，牛力是最重要的畜力，比马和驴等大型牲畜更适合于耕作。历代统治者都十分重视保护耕牛，对杀牛行为予以严格的规范，用严刑峻法保护耕牛。另一方面，牛被称为太牢，一直也是祭祀用的重要牺牲。无论是国家祀典还是地方淫祀，都杀牛作祭，供天地、祖宗、神祇作血食，每年都会有数以万计的牛被杀作牺牲。牛还是人类重要的肉食来源，其味之美让很多人垂涎，甚至不顾法禁，杀卖牛肉。另外，牛皮、牛筋、牛角等还是重要的军事材料，用以制作盔甲、弓箭等。保护耕牛与杀牛作牺牲、作肉食之间一直存在某种紧张关系，统治阶级也一直在努力平衡这三者之间的关系，始终以保护耕牛为首务。佛教在印度时就以不杀生为五戒之首，认为含灵之类皆有佛性，蚂蚁和人同无二致，对所有动物一视同仁，并不专将杀牛作为宗教禁忌，但佛教的不杀生的教义还是直接促使印度成为不杀牛的国家。当佛教传入中国之后，其不杀生教义也直接影响着中国保护耕牛的政策，于法制之外给予宗教影响，弥补着法网疏漏之处。

第三编第二章分析了《文昌帝君阴骘文》“救蚁中状元之选”的故事渊源，将之与其他救蚁故事进行对比分析，并将宋郊救蚁故事中的报应思想与传统的报应思想进行比较，发现《文昌帝君阴骘文》作为道教善书之一种，吸取了很多佛教思想，既有佛教戒杀放生的戒文，也有佛教因果报应思想与道教报应观的融合。这一章以“救蚁中状元之选”为例，对故事文本进行溯源和平行比较，指出宋郊救蚁故事与沙弥救蚁故事的相似之处，并考察佛道两教报应思想相异之处，综合分析了此条故事中所受的佛教影响，更加确证《文昌帝君阴骘文》这部道教劝善书具有佛教思想特征。

第四编主要讨论了古代佛教的化缘与观音信仰研究等问题。第一章研究中国古代佛教中的募化。募化在佛教中虽是一种正常的行为，但鲜有人对其募化的目的及募化的基础和原因进行分析。本章对中国古代佛教中的募化目的进行了一番梳理，并总结出募化得以实现的基础是“布施得福”观念的影响，而僧侣向外募化的原因主要是寺院本身经济的薄弱所致。佛教中，僧人募化乞食这一行为，佛陀并没有禁止。虽然随着佛教的发展，僧众开始耕田务农，且部分寺院拥有一定的恒产及经济来源，但募化这一行为并没有完全退出僧众的生活。有的寺院甚至专门设置了“化主”这一职位，可见在佛教寺院中募化应是比较普遍的现象。

第四编第二章从观音信仰到宗教史学的写作，是一篇针对于君方《观音：菩萨中国化的演变》的书评。于君方的研究放眼亚欧大陆，网罗海内外多方面的资料并采纳了多学科的研究方法，历经十五年而成。本章梳理了《观音》一书中的三大特点：一、立体而全面的研究架构，融信仰感性与研究理性为一体；二、纵贯而通达的研究方法，穷经典记载与生活实际为究竟；三、个案至整体的研究视域，从观音信仰到宗教史学的写作，并在第三点中分析了作者对于宗教史写作的主要看法：一、对疑伪经的态度；二、对宗教圣地的研究；三、佛教中国化与女性观音的形成。本章认为于君方这本书由个案到整体的写作手法，对于当前学界所倡导的立体性跨学科研究具有一定的启发作用。

编者

目　录

第一编　传统视域下的钱穆及其人生

第二编　神话形象：金翅鸟研究

第三编　动物传统及其禁忌

第四编　化缘现象与观音文化研究

第一编

传统视域下的钱穆及其人生

文明交流：出世和入世的圆融

思想路径：评判、辨析与阐发

人生哲学：天人合一与道德人生

◎吴 华

第一章　文明交流：出世和入世的圆融

一代通儒①钱宾四先生（1895—1990），名穆，江苏无锡人。家世贫苦，幼年丧父，中学毕业后无力求学，遂自学成才。任过小学、中学教师，后执教高等学府，创办香港新亚书院。著有《国史大纲》《先秦诸子系年》《刘向歆父子年谱》《中国近三百年学术史》《朱子新学案》等七十余种作品，一千多万字。

钱穆的学术思想犹如一座巨型宝库，他对于宗教、哲学、历史、政治、文学、经济、教育等方面都有所涉及，对钱穆的研究经常是就某一方面进行深入分析②。研究钱学的文章可大致分为：义理、考据、辞章三类，主要仍然集中于其儒家思想。诚然，作为倡导中国传统文化的钱穆，其身上流露出很多关于修齐治平的儒家思想，研究者也多从这一文化背景切入以探讨钱先生的成就与贡献。然而，细阅钱先生《八十忆双亲·师友杂忆》③一书，却可发现绵延两千多年外来文明佛教文化在钱穆人生中的影响尤为深远。根据钱穆弟子戴景贤所提出的："正因思想问题必经个人之理解而存在，所谓关系学术发展之'思想环境'，必是对应于各别的思想

---

① 关于通儒的定义可参见何佑森：《钱宾四先生的学术》，载项维新等编：《中国哲学思想论集·现代篇之三》，台北：水牛出版社，1988年，第63页。

② 梁民愫、戴晴：《近二十年中国大陆学界关于钱穆学术思想研究的新取向》，《上饶师范学院学报》，2009年第4期。

③ 朱学勤读钱穆回忆录而撰文："《八十忆双亲·师友杂忆》那样的书名，未及开卷，就让人体味到儒家的生命观照，是那样亲切自然：身体发肤受之父母，精神生命则发育于师友，两种生命皆不可废……钱穆以研究中国文化史著称，他的回忆录本身就提供了一部中国近代文化变迁的可信注释。"朱学勤：《想起了鲁迅、胡适与钱穆》，《作品》，1996年第1期。

家而有不同的解读，故此一线索，亦唯有自各人思维发展之语言表述中，寻找其与外境之关连，然后可以获得。理解钱先生思想之真实性亦需如此。"① 因此，本章试图从钱穆本人的回忆与著述中窥探他的佛缘，反思佛教元素如何对他本人的生活与学术生涯产生影响的。

钱穆在1960年5月21日的《论学书简》中曾向余英时指出：

> 弟原论文正因太注重自觉二字，一切有关政治社会经济等种种外面变动，弟意总若有意撇开，而极想专从心理变动方面立论，但内外交相映，心理变动有许多确受外面刺激而生②。

从钱穆对余英时的写作指导中，可见其学问之道在于内外交相映。其生命中的佛缘，也正体现在了他的家族、家庭、朋友以及社会经历对他的影响上。以下分述之：

第一节　家族渊源

"诸恶莫作，众善奉行，自净其意，是诸佛教。"③ 这句世人皆熟的偈语反映了佛教教义中最简单与最朴素的业力因果思想。"积善之家，必有余庆，积恶之家，必有余秧。"《周易》中的这种观点后来演变成道教的承负论，并与佛教的因果论融合而成为了中国传统文化中的善恶观。反观钱穆的家族，是否也可以发现这种思想的渊源呢？

钱穆在《八十忆双亲·师友杂忆》中追溯了自己的家族历史，自其上十八世祖某公，时为巨富之家，拥有良田十万亩。十八世祖三十岁左右

---

① 戴景贤：《中国历代思想家》，北京：九州出版社，2011年，第206页。

② 余英时：《犹记风吹水上鳞：钱穆与现代中国学术》，台北：三民书局，1991年，第250页。

③ 《释氏要览》卷第一〈篇目中食〉："诸恶莫作：戒具之禁，清白之行；众善奉行：心意清净；自净其意：除邪颠倒；是诸佛教：去愚去想。"参见《大正藏》，第54册，第276页。

时，“婴衰虚之疾，远近名医，百药罔效，病情日见沉重。”① 十八世祖母只好独立承担家事，修治宅西别院，采取全封闭式方法劝夫长年静养，十八世祖同意。三年后病态全消，健复如常。此时十八世祖母则言：“自君居西院，我即在佛前自誓，当终生茹素，并许愿居家为优婆夷，独身毕世。惟为君子嗣计，已为物色品淑宜男者两人，并谆谆诲导，已历两年。君与此两女同房，断可无虑。”② 后十八世祖下生七子，在啸傲径上分建七宅，是为七房桥之由来。

从这段话中可以看出，他的十八世祖母为救疗夫疾的一系列举措中所包含的佛教因素：第一，劝夫全封闭式长年静养以疗疾。这种方法企图通过隔绝外来的一切尘嚣，安定内心，达到身心俱调。虽然这里的安心不一定是达摩传慧可时候的安心法门，但是作为生活状态却和佛门日常修持颇为相似。第二，终生茹素守佛门不杀生戒。第三，独身毕世守不淫戒。最后，居家为优婆夷（即在家女居士）则是五戒——杀、盗、淫、妄、酒皆信守。这几个元素或许正是钱氏家族佛化的开始。

钱穆的父亲讳承沛，字季臣，自幼有神童之称。“双目炯炯发光，如能透视一切之背后，亦称净眼，云能见鬼神，过十二岁始不能见。”③ 这种现象在民间常有，这类人一般是有较深宗教缘分的人，可谓“佛道中人”或“修行人”。

钱穆记其父亲幼时发奋苦学，“寒暑不辍。夏夜苦多蚊，先父纳双足两酒瓮中，苦读如故。每至深夜，或过四更，仍不回家。时闻有人唤其速睡。翌晨询之，竟不知何人所唤”④。这些事迹当给幼年的钱穆留下较深的印象。然而，这些事情以外，给他更深印象的也许是父亲如何处理怀海义庄的事情。

怀海义庄，是钱家老大房五世同堂祖先所创立，以抚恤孤贫幼弱，裨益老死以葬，幼小以教，并及出外就业婚嫁赀遣。当时由富三房轮管，五

---

① 钱穆：《八十忆双亲·师友杂忆》，北京：生活·读书·新知三联书店，1998 年，第 6 页。

② 同上。

③ 同上书，第 13 页。

④ 同上。

世同堂不得过问。钱穆的父亲以一贫苦孤儿出身，能体谅到同宅孤儿寡母的痛苦与无奈。他时常怀念祖宗置义庄的本怀乃在于“为子孙救灾恤贫”，但其时“庄业日起，而庄主日落，理当开放，务为拯恤”。钱穆的父亲跟富三房的经管人商量却老是不获同情，后投诉到无锡县署。义庄经管人则联合富房抗诉。如是四次往返。后来县官深悉钱父为人，经商量后作调解处理，并听其父意思派二房一位恬澹静让的叔父掌管。后来那位掌管的叔父让钱穆的父亲为义庄抚恤救济时期等级等，定一详细条款。自此让五世同堂重归一宅，幼有养，老有归，皆得赖祖宗庇荫，粗衣淡食无忧，一宅欢然。

不久后又有一事，即是受抚恤者来找钱父告苦，谓所获米粮品劣，难以下咽。钱父取其样米两小包藏在衣袋中，就去义庄。账房煮茶陪坐后留午膳。钱穆父亲席间语账房：“君为五世同堂中贫病老弱操劳甚苦，然此乃君主要职责。此辈贫病老弱，不啻为君之真主人。”账房颔首曰：“然。”钱穆父亲这才出示衣袋中两小包米，与桌上饭相比，说：“此乃君之真主人所食，与君日常奉养，精粗之差，何啻天壤。”账房马上赔礼。这件事以后孤寡们才真正吃上了白米①。

经过怀海义庄两件事情的处理，五世同堂，并富三房，甚至于七房桥乡间，对钱穆的父亲都刮目相看。从那时起，事无大小，都要来跟他商量，请他帮忙裁决。家族自此也“一扫往日涣散之情”，团结起来。

钱穆上面所述的事情乃是他的母亲转告他的兄长，由兄长再转告于他的，而他亲眼所见的是其父为一孤儿寡母裁断家业事。事情处理的具体细节，幼时的钱穆并不知悉。只知道结果是寡妇保了家业，分了部分给其嗣子。后来钱穆父亲往生时，他们母子披麻带孝地来拜祭。后又远道屡到钱家，当是甚为感恩。这些善举无疑在幼年的钱穆脑海中留下了深刻印象，按唯识学的说法则是在他的阿赖耶识之中种下了种子，为他日后以善心与智慧立身处世定下了根基。

钱穆出生后连哭三日夜，不停歇。他的父亲抱着他绕着房子转，告诉妻子说：“此儿当是命贵，误生吾家耳。”后来父亲待他甚好，每晚总要买

---

① 钱穆：《八十忆双亲·师友杂忆》，第15～17页。

些食物让他晨早可以享用，直到七岁入私塾要学大人样了才停止①。

钱穆下有一弟，不幸早夭，其父抱其体说："必重来我家。"后来次弟生，眉上有一大黑痣。其父很高兴地说："我儿果重来矣。"②

这些幼年的事情，看似平淡无奇，实可作为钱穆父亲通命理的表现。南怀瑾先生曾讲过的：

> 古代读书人要通三理，即医理、命理和地理。命理是混合在医理中的，都以五行为依归，在医治病人的时候，如果知道病人的八字五行，就可以明白病人体质的弱点，对于治疗的帮助是很重要的……实际的情况，是每一种学问，都包括在中国的一切学问书籍之中，它们像织布机上的经线与纬线，都织在一起。只要多读书，一定会涉及到这些学问。也可以说，这些学问的源头，都是一个，只要一通，不自觉地就三通了③。

通命理的人，明白善恶业报、因果轮回的原理，常能自觉行善积德而不居功。比如《六祖坛经》中讲"达摩告梁武帝一生造寺、度僧、布施、设斋并无功德"一段公案，六祖评述"武帝心邪，不知正法，造寺度僧，布施设斋，名为求福，不可将福便为功德。功德在法身中，不在修福。"六祖阐释功德的真正内涵说：

> 见性是功，平等是德。念念无滞，常见本性，真实妙用，名为功德。内心谦下是功，外行于礼是德。自性建立万法是功，心体离念是德。不离自性是功，应用无染是德。若觅功德法身，但依此作，是真功德。若修功德之人，心即不轻，常行普敬④。

---

① 钱穆：《八十忆双亲·师友杂忆》，第 19 页。

② 同上。

③ 南环瑾：《道家、密宗与东方神秘学》，上海：复旦大学出版社，1996 年，第 121 页。

④ （唐）慧能《六祖大师法宝坛经》宗宝本，疑问第三，引自《大正藏》，第 48 册，第 352 页上。

从钱穆父亲对于乡间事情的处理可以看出来，他的父亲内心谦下，而又外行于礼，心体离念，应用无染。对于外人都是常行普敬，不管贫富贵贱均能和谐相处。他不仅与人相处融洽，还能以后辈身份处理裁决族中大小事务，深得族人爱戴。后遭病又能预知时日往生，并因“镇上人系念我病者甚众，我可待晨十时始行，犹及与彼辈道别。当告就近一家，他家必相率而至”①。这种修为与受人尊敬的程度，若不在红尘而居于丛林，当可归于修行有成的高僧大德。

根据钱穆晚年回忆，幼时五世同堂内西弄堂一寡妇的孩子常违规越矩，多行不法。当时家族内作为绅士的是老七房中的第三房，对他屡加教斥。因其不听而将他送到县狱，后来竟然发展到不许五世同堂内众祖父的释放请求。谁知这个孩子竟瘐毙于监狱中，随后不久老三房绅士也卧病在床。某个晚上：

> 其瘐死者之母，忽梦子来诉，已在阴司申冤得直。请多烧冥褴，可供地下使用，使速毙。其母醒，告其女，女亦同梦此事。翌晨，告素常相亲诸家，亦有同获此梦者。乃赴市购大量锡箔。凡五世同堂中妇女，皆竞折之。堆门外大广场焚化。此间大堆纸锭烧完，西边老三房病绅亦告气绝②。

钱穆记载幼年传闻的这种事情跟民间佛教劝善书或者《冥报记》中的故事颇近。其因果缘起的模式大致是：甲因受乙冤陷而死。之后乙害病在床，求生不能，求死不得。甲死后在地狱鸣冤叫屈，得到地狱神灵同意后，则托梦亲属代为焚烧香烛冥币，乙才能真正死去，免受生不如死之煎熬。这种具有鬼神观念的因果故事在民间一直流传甚广，古今不绝。

钱穆又有一事，即十八岁时所经历的降服狐魅作怪之事：

---

① 钱穆：《八十忆双亲·师友杂忆》，第24页。

② 同上书，第9页。

某夕深夜，余欲起床小解，开亮电灯，忽见床前地上两鞋，只剩一只。明是关着寝室门才上床，望寝室门依然关着，但床前那只鞋却不翼而飞，不见了。清晨遍觅不获，后见此鞋乃在帐顶之上。是必有衔之而上者，但究不知是何怪物。寝室既门窗紧闭，此怪物又何由而来。此类事，曾三数见。余告德奎，我二人讲狐魅并未开罪于他，但他却来作弄，余遂写一文，责狐不是。命德奎买些锭箔，余用黄纸朱笔恭写此文，命德奎焚之园中，以后此等事遂绝①。

从钱穆所用字“恭”，可见其心真诚。而用黄纸朱笔写字当是民间所传通神或者某些画符箓之法。钱穆当时虽然年仅十八岁，但是古书读得较多，而且处于清朝末期，民间这类习俗不少，因此他的这种行为并不奇怪。令人慨叹的是他身处在这样凄凉寂寞阴森古怪的环境之中，也能时刻磨练自己。正如他本人晚年所说：“自余言之，余当时只是一十八岁之青年，实际尚未足十七岁，即投入此一奇异环境中，而竟能磨练自己在此情状下度过，此实亦堪回忆，乃使余至今不能忘。”②

以上主要梳理了钱穆家族渊源传统中的佛教要素、其父的言传身教与他本人所耳闻目见的生命经历，这些逐渐构成了他早期对于佛教的认知，并对其后的人生历程产生了无形的影响。“钱氏家族，因诞生了‘国学大师’钱穆、‘力学之父’钱伟长、环保专家钱易、经济学家钱俊瑞、物理学家钱临照和工程力学家钱令希等六位院士而蜚声海内外，家乡无锡的鸿声钱氏家族也引以为荣。”③ 在家族史或者宗族史研究上，这是一个颇值得关注的现象。对这个现象的解读或许不在于层层剥析的长篇大论，也不在于响亮荣耀的政治口号，而只是平实而普通的生命观。这种生命观可能就体现在于对泰伯庙、烈帝庙的供奉与信仰上，又或者体现在于开设义庄、置办公田、举办义塾等公益慈善事业上，也可能体现在《钱氏家训》的指

① 钱穆：《八十忆双亲·师友杂忆》，第 81～82 页。
② 同上书，第 82 页。
③ 柯玉蓉：《钱氏后人向梅村中学赠家谱和文集》，《无锡日报》，2010 年 11 月 16 日。

导之上，或者是在“放生官河”① 等。这些，彰显的是中国传统文化的精神，维系着世代民心，也支撑着家族的繁荣与发展。接着看看钱穆的人生遭际。

第二节 生命反思

钱穆在《八十忆双亲》中载自己“三世不寿，一门孤寡”。祖父中年即体弱多病，年仅三十七；父亲亦因体弱事多，四十一岁即往生；在钱穆三十三岁时，妻子与新生儿皆不幸；兄长亦由于帮忙料理丧事而劳伤过度引发旧疾，年仅四十，英年早逝。

在当时的社会环境下，钱穆自幼年起便不得不经常面临各种生、老、病、死之苦的考验。在他的著作中，虽有抑制却感动人心的悲怀时常现于字里行间，读来令人感到丝丝暖情。

1911年，钱穆十七岁，转学于南京钟英中学校。暑假在家，忽犯伤寒症，为药所误，几乎致死。病三月，后幸岳父乃名医沈翁，帮忙诊治，病方有起色。钱先生的母亲护视他更是早晚不离床侧，“夜则和衣睡余身旁，溽暑不扇，目不交睫。”两个月后，钱穆才开始渐进薄粥。再十多天后，才能稍微吃些干饭。此病对他“不啻余之再生，皆先母悉心护养之赐”②。

钱穆因辛亥年这场大病以后，几乎每秋必病。后来，他读到日本人的一本小书，里面说到“人生不寿，乃一大罪恶，当努力讲究日常卫生”。他自念“不高寿，乃余此生一大耻辱，大惩罚”，后“即痛于日常生活上

---

① 与此相得益彰的是在20世纪初的成都也流传有此放生风俗，据王笛所述“阴历四月八的‘放生会’，人们通过装饰花船和‘放归’生物来庆祝，按照佛教的风俗把鸟、鱼、龟、鳗、蛇等动物放生，意在积德。每年放生会期间，成千上万的人聚集在河两岸观看动物放生……”根据作者所述，这项老传统在20世纪初遭到精英们指责为“陋习”，必须抛弃，然虽屡遭禁止，仍为民众所保留，而最后，警察也屈从民众诉求，于1918年同意了将成都下莲池作为“放生池”，成都市民终于有了合法进行这项活动的地方。该书还附有望江楼畔的放生会，值得一观。详见王笛：《街头文化——成都公共空间、下层民众与地方政治，1870～1930》，中国人民大学出版社，2006年，第220～221页。

② 钱穆：《八十忆双亲·师友杂忆》，第31～32页。

求规律化，如静坐，如郊野散步等，皆一一规定”①。钱穆对生死问题的反省自此而始。

钱穆回校以后认识了松江朱怀天。朱先生当时刚从上海第一师范毕业，他两人同一寝室。由于怀天在上海求学的时候，最崇拜他的老师吴公之。因此怀天经常向钱穆称道老师的日常言行及其讲堂所授，达到了纤悉弗遗的程度。年假过后，怀天回校时携带了老师为他选定的佛书。因当时怀天丧母心伤，故老师劝他读佛书自解。钱穆当时最爱读怀天所带的《六祖坛经》，自谓治佛学由此始。

1967年，73岁的钱穆在讲演《复兴中华文化人人必读的几部书》中特别介绍了《坛经》。他提到了自己的经历：“我记得看六祖坛经，第一遍只看了整整一个半天，就看完了，但看得手不忍释，那时很年轻，刚过二十岁。”②

后来钱穆因为与怀天共读其师所撰《宥言》一册共八篇，内容都是宣扬某主义的。钱穆只爱其文辞，而不赞成其学说。后来在与怀天辩论中，两人达成共识：一不出家为僧，也不进为某党人；一不为官僚，亦不为乡愿。由此可见当时在钱穆眼里出家为僧亦只是逃世避俗而已。幸好怀天虽言佛法，然绝无离亲逃俗之隐遁意③。

大概在钱穆二十二岁时，学静坐已有一定的功夫，如：

> 忆某一年之冬，七房桥二房一叔父辞世，声一先兄与余自梅村返家送殓。尸体停堂上，诸僧围坐颂经，至深夜，送殓者皆环侍，余独一人去寝室卧床上静坐。忽闻堂上一火铳声，一时受惊，乃若全身失其所在，即外界天地亦尽归消失，惟觉有一气直上直下，不待呼吸，亦不知有鼻端与下腹丹田，一时茫然爽然。不知过几何时，乃渐恢复知觉。又知堂外铳声即当入殓，始披衣起，出至堂上。余之知有静坐

① 钱穆：《八十忆双亲·师友杂忆》，第93页。

② 钱穆：《中国文化丛谈》，《钱宾四先生全集》第44册，台北：联经出版事业公司，1998年，第235页。

③ 钱穆：《八十忆双亲·师友杂忆》，第96～98页。

佳境，实始此夕①。

后来钱穆“回至学校后，乃习坐更勤。杂治理学家及道家佛家言。尤喜天台宗《小止观》，其书亦自怀天桌上得之”②。钱先生述自学静坐的方法：

先用止法，一念起即加禁止。然余性躁，愈禁愈起，终不可止。乃改用观法，一念起，即返观自问，我从何忽来此念。如此作念，则前念不禁自止。但后念又生，我又即返观自问，我顷方作何念，乃忽又来此念。如此念之，前念又止。初如浓云密蔽天日，后觉云渐淡渐薄，又似得轻风微吹，云在移动中，忽露天日。所谓前念已去，后念未来，瞬息间云开日朗，满心一片大光明呈现。纵不片刻，此景即逝，然即此片刻，全身得大解放，快乐无比。如此每坐能得此片刻即佳。又渐能每坐得一片刻过后又来一片刻，则其佳无比。若能坐下全成此一片刻，则较之催眠只如人睡境中者，其佳更无比矣③。

从这里可看出，钱穆修习禅坐得到光明境，时常住于禅悦之中。对于佛教中寻求开悟证果的修行人来说，这种境界自不能贪求，观而不管。某一天，钱穆桥上候船，唤船夫停靠。上船后坐一老人旁，老人对他说：“君必静坐有功。”钱穆问以何得知，老人说：“观汝在桥上呼唤时，双目炯然，故知之。”④

1919年，钱穆自谓读书、静坐最专最勤之一年。当时锐意学静坐，每日下午四时课后必在寝室修习。钱穆静坐工夫渐深，入坐即能无念。他明白无念非无闻，当指无妄念。“闻”指见闻或听闻，根据下文钱穆述其听闻的感受，可以理解到他虽然在禅定之中，不动妄念，却能时刻觉知外在的变化。也正是在这个时候他发现自己在坐中，军乐队在操场练国歌，声

---

① 钱穆：《八十忆双亲·师友杂忆》，第99页。
② 同上。
③ 同上书，第100页。
④ 同上。

声入耳，但过而不留。歌声“不动吾念，不扰吾静”，但“只至其节拍有错处，余念即动。但俟奏此声过，余心即平复，余念亦静。即是坐中听此一歌，只听得此一字，尽欲勿听亦不得”。钱先生“因此悟及人生最大学问在求能虚此心，心虚始能静。若心中自恃有一长处即不虚，则此一长处正是一短处”。并自忖“余方苦学读书，日求长进。若果时觉有长处，岂不将日增有短处。乃深自警惕，悬为己戒。求读书日多，此心日虚，勿以自傲”①。

后来又因在静坐中闻声受惊而知静坐必择时地，以免外扰。“昔人多在寺院中，特辟静室，而余之生活上无此方便，静坐稍有功，反感不适。以后非时地相宜，乃不敢多坐。”②

钱先生的夫人胡美琦女士曾这样回忆起他的静坐之功用：

> 我和宾四刚开始共同生活时，他整天在学校，有应付不完的事；下班回家一进门，静卧十几分钟，就又伏案用功。有时参加学校全体旅游，一早出门，涉海、爬山，黄昏回家，年轻人都累了，但宾四一进门仍只休息十几分钟便伏案。我觉得很奇怪，有一天谈起，他说：这是因为有静坐之功。他年轻时为求身体健康，对静坐曾下过很大功夫，以后把静坐中的“息念”功夫应用到日常生活上来，乘巴士、走路，都用心“息念”，所以一回家就能伏案③。

从钱穆年轻时候修学静坐的经历中，可以发现：被捧为一代通儒，具备史家气质的他，通过佛家止观静坐之法修戒定颐养身心，进而有所悟而发慧，虚心求进，功夫不浅。下面再看他步入学术生涯后与佛教学者的交往。

---

① 钱穆：《八十忆双亲·师友杂忆》，第100～101页。

② 同上书，第101页。

③ 胡美琦：《钱穆的妻子忆钱穆》，转引自凡夫等编：《名人的妻子忆丈夫》，珠海出版社，2002年。

第三节　学人往来

1930 年秋，钱穆转入北平燕京大学任教，时年 36 岁。在这里，他结识了哲学系的汤用彤（字锡予，1893～1964）先生。汤先生本来在南京中央大学任教，北大以英庚款补助特聘教授之名义邀请他来。钱穆与汤先生交往之初，有一则趣闻：

一日，锡予来访。其翌日，锡予老母又来访。谓，锡予寡交游，闭门独处，常嫌其孤寂。昨闻其特来此访钱穆，倘钱穆肯与交游，解其孤寂，则实吾一家人所欣幸①。

就此或可推测汤先生由于整天潜心学问，闭门不出。家里嫌其孤寂，后遇钱穆高才，难得一遇，遂时相往返。后汤先生为之介绍熊十力、蒙文通、陈寅恪、吴宓等人，他们与林宰平、梁漱溟等经常互相讨论。

蒙文通、汤用彤、熊十力等人曾赴欧阳竟无之支那内学院听佛学，为学友。钱穆记载文通先生到来之情景：

初下火车，即来汤宅，在余室，三人畅谈，竟夕未寐。曙光既露，而谈兴犹未尽。三人遂又乘晓赴中央公园进晨餐，又别换一处饮茶续谈。及正午，乃再换一处进午餐而归，始各就寝。凡历一通宵又整一上午，至少当二十小时。不忆所谈系何，此亦生平惟一畅谈也②。

"有朋自远方来，不亦乐乎？"三位顶尖的史学大师，畅谈古今，虽忘内容，但是足以让后辈浮想联翩。后来，

---

① 钱穆：《八十忆双亲·师友杂忆》，第 177 页。

② 同上书，第 178 页。

锡予、十力、文通及余四人，乃时时相聚。时十力方为新唯识论，驳其师欧阳竟无之说。文通不谓然，每见必加驳难。论佛学，锡予正在哲学系教中国佛教史，应最为专家，顾独默不语。惟余时为十力、文通缓冲。又自佛学转入宋明理学，文通、十力又必争。又惟余为之作缓冲①。

从这里亦可看出，汤先生虽为专家，但不善辩，亦不裁决，独自于辩论之外思考定夺。钱穆则经常作为裁判官，为熊先生、蒙先生做缓冲。几位先生之间，趣闻雅事不少。作为学者专家，自然离不开买书事。钱穆于明朝以下各家校刊的《竹书纪年》，搜罗殆尽。专门藏在一个玻璃书柜中。汤先生看见有点羡慕，当时他也专意搜罗《高僧传》一书，遇异本即购。自谓亦几无遗漏矣。可惜时事不稳，汤先生方赴美国哈佛讲学归，中央研究院已迁至南京，有意招之，汤先生不欲往。后来时局遽变，“初谓一时小别，乃竟成永诀”②。

一代学人之交往就此埋笔。可怜历史风流人物，苍茫悲凉！陈勇教授曾评价二人交往情谊说：“汤用彤与钱穆都是20世纪中国的学术大师，二人自北大订交以来，同声相应，同气相求，成为了‘始终如一’的朋友，在各自的研究领域内书写了人生的辉煌。”③

钱穆从小对于佛教与传统文化的认识，使得他在入世与出世之间达到了圆融通达。他学习的是佛教思想，用的是静坐养生的方法，采撷的是觉悟内在智慧。钱穆曾评价朱熹的学问“彻头彻尾乃始一项圆密宏大之心学”④。这句话亦可看作钱先生对自己学问的总结：他将早期佛教积极救世的思想用于自身。虽然在学术上，他秉承宋明理学以来的儒统，但是正像他在《国史大纲》所表达的，他钦羡的是佛教第一流人物救世的情怀⑤。

① 钱穆：《八十忆双亲·师友杂忆》，第178页。

② 同上书，第188页。

③ 陈勇：《汤用彤与钱穆交谊述略》，《湖南科技学院学报》，2012年第2期。

④ 钱穆：《朱子新学案（二）》，《钱宾四先生全集》（第12册），台北：联经出版事业公司，1995年，第95页。

⑤ 钱穆：《国史大纲》（上册），第364～365页。

因此，钱穆是以出世之精神做入世之事情，真正将佛法用到实处的传统知识分子。当然，在近现代的知识分子①中，如龚自珍、魏源、康有为、梁启超、梁漱溟②、方东美③、唐君毅④等人，他们积极学习佛教文化，以其为理论依据，融汇中外文明，为处于动荡的中国社会寻找出路。

① 哈迎飞指出："在现代文学史上，除了许地山、废名、丰子恺奉大家熟悉的作家亲近佛教以外，鲁迅、周作人、郭沫若、郁达夫、瞿秋白、陈独秀、宗白华、冯至、徐志摩、朱湘、夏丏尊、俞平伯、朱自清等均与佛教文化有着这样或那样的精神关联，可以说，现代作家之近佛是一个普遍而又特殊的文化现象，其中尤以'五四'时期最为典型。"详见哈迎飞：《"五四"作家与佛教文化》：上海：三联书店，2002年，第1页。

② 梁漱溟17岁曾拒绝母亲为其议婚，20岁开始茹素，寻求佛典阅读，怀抱出家为僧之念，直至29岁乃始放弃。郑大华编：《梁漱溟自述》，郑州：河南人民出版社，2004年，第27页。

③ 方东美精研华严哲学，提倡共命慧。可参见其《中国大乘佛学》《华严宗哲学》等书。

④ 详见张云江：《心通九境——唐君毅与华严宗》，四川大学硕士学位论文，2005年。

第二章　思想路径：评判、辨析与阐发

钱穆秉承中国文化传统，“一生为故国招魂”（余英时语）。在民国新文化运动之中，钱穆觉醒到一味破旧立新的弊端，毅然决定弘扬传统文化。他的一生很简单，只专注于两件事情——著书与育人。育人：开启新亚书院，培育一代英才；著书：千七百多万字，传承古今思想。讨论研究钱穆的著作，包括评传抑或其他作品，更是层出不穷。有学人曾评论其贡献说：“为中国传统文化的创新作出了不可磨灭的贡献，而且自身已成为宝贵的历史遗产，对后世学者已经并必将继续产生着重大的影响。”① 在钱穆一生的论述中，关于佛学的话题，着墨虽不多，但评价甚高，不容忽视。然而，对于钱穆的研究，从佛教方面进行梳理解读的，几乎难以觅及②。因此笔者不惴简陋，简单梳理归纳钱穆的佛教思想体系以就教于方家。

1944 年，钱穆在养病期间读完《朱子语类》全书一百三十卷。并于暑假移居灌县灵岩山寺，又向寺中方丈某僧借读《指月录》全部。自此，钱穆自谓“由于一气连读了《朱子语类》及《指月录》两书，对唐朝禅宗终于转归宋明理学一演变，获有稍深之认识。”③ 此后恰巧读到胡适的《论神会》等文章，先生遂操笔为文，写《神会与坛经》一长篇，投寄《东方杂

① 郭齐勇、汪学群：《钱穆评传》，南昌：百花洲文艺出版社，1995 年，第 2 页。

② 依笔者管窥之见，江灿腾：《当代台湾人间佛教思想家：以印顺导师为中心的薪火相传研究论文集》，台北：新文丰出版公司，2001 年。李明：《钱穆的禅学研究探析》，收于黄夏年：《中国禅学研究》，郑州：中州古籍出版社，2012 年；另见《船山学刊》，2014 年第 1 期，第 104～110 页。

③ 钱穆：《八十忆双亲·师友杂忆》，第 251 页。

志》。抗战胜利后，又去昆明续读《智圆书》。及在香港，又续读《宝志书》及《少室逸书》等。及迁居台北，又读《宗密原人论》诸书，更读铃木大拙书。陆续为文，皆一意相承，收在《学术思想史论丛》之第四集。此实为钱穆治禅史及理学史思想传递一大公案。而天台、华严两宗，亦时于言外旁及①。

关于钱穆的佛学思想，主要表现在如下三大部分：

第一节　评判学术思想

钱穆关于佛学的见解与佛教的看法，首先是将其置于中国传统文化之中，从整个学术思想史的背景进行考察对比。这个部分大概可以从以下五点得到印证：

（一）中国宗教观与佛教

钱穆在《现代中国学术论衡》中说："中国自身文化传统之大体系中无宗教，佛教东来始有之，然不占重要地位。又久而中国化，其宗教之意味遂亦变。"② 宗教是一个舶来词，在中国的古代以及佛教之中，有"宗"与"教"而无"宗教"，因此中国古代的宗教并不是指现代意义上的由西方传来的由信仰、仪式、组织等因素圈定的修行团体。根据《说文解字》所载："宗，尊祖庙也。"③ "教，上所施下所效也。"④ 可见在中国传统文化中，宗指的是祖先崇拜，而教指的是教化。

佛教之中，宗教的意思又是如何的呢？现代佛教高僧印光法师在《宗教不宜混滥论》中所说："如来说经，诸祖造论，宗教二门，原是一法……上根一闻，顿了自心，圆修道品，即名为宗。中下闻之，进修道

---

① 钱穆：《八十忆双亲·师友杂忆》，第254页。

② 钱穆：《现代中国学术论衡》，北京：生活·读书·新知三联书店，2001年，第11页。

③ （汉）许慎撰，《说文解字》，天津：天津古籍出版社，1991年，第150页。

④ 同上书，第69页。

品，渐悟真理，即名为教。”现任中国佛教协会会长传印法师在讲解这段话时指出：“形诸语言文字，即是教；离诸语言文字，即是宗。以语言文字之教为方便，指示离语言文字之宗的究竟。因此，‘宗教二门，原是一法’。”①

这里的宗与教与现代意义下的宗教相去甚远。中国的宗教观，正如《周易·观卦·彖传》所载：“观天之神道，而四时不忒，圣人以神道设教，而天下服矣。”中国自古政教并行，政以齐民，教以化民。其中十分强调的是君民关系，也就是“教”的本怀是作为一种道德教化的工具为圣人治理天下所服务的。钱穆认为佛教东来以后，受中国传统影响，其表现形式亦有不少变化。这一点，更多地表现在佛教中国化的传播轨迹之上。

（二）佛教中国化的传播轨迹

佛教中国化的传播轨迹有几个重点，向来讨论较多，需要明晰与厘清的：

首先是佛教的传入时间。在佛教史上，这个问题一直争论不休，但也难有确定无疑的结果。钱穆有自己独特的看法，他认为佛教传入中国远在东汉初年，或尚在其前。但即使之前佛教已入华，然而对中国社会未见影响。这一评价简单明了，以社会影响考察历史，盖以史家眼光着论②。

其次是魏晋佛道冲突。钱穆认为这种冲突主要发生在北方。盖因当时南方的名士望族在“一个不安宁的大世界中过着他们私人安宁的小世界生活”，他们对于佛教的需求主要是学理上的超世绝俗。即使佛道有冲突，也“仅限于思想与言辩”，不像“北方是一个强烈动荡的社会”，“自始即以佛法与尘俗相纠合、相调洽”。钱穆说“北方高僧，其先往往以方术助其义理，遂与北方旧学统治经学而羼杂以阴阳家言者相纠合。”这一看法基于当时北方佛教传播与政治实务的交涉，与政治的来往频繁，因此佛教发展也较为迅速。“北方僧人常在政治、经济上切实自占权地”，但同时也

① 印光法师造论，释传印讲记：《宗教不宜混滥论讲记》，庐山东林寺印，2007年，第14页。

② 钱穆：《国史大纲》上册，第360页。

由于名利气息过旺、沙门过多、良莠不齐导致种种窳败事件，令社会反佛情绪加重，导致后来连续发生了北魏太武帝（408～452年）、北周武帝（543～578年）相继毁佛灭法事件①。

钱穆上面的看法是基于政治与经济方面的考虑，而关于三次灭佛事件的研究，现在有学者作了进一步的考证：如张箭教授认为北魏太武帝灭佛的主要原因是怀疑佛教界企图谋反，与当时声势浩大的盖吴起义通谋，而不是僧俗地主间的经济利益矛盾。因为当时的佛教寺庵僧尼还很少，占用耗费的社会财富资源也不多。对于北周武帝废佛的看法则是，废佛的最主要原因是僧俗地主间尖锐的经济利益矛盾。同时他也提出：北朝的两次灭佛中较为重要但一直被忽视遗漏的因素还有，北魏君臣太武帝崔浩、北周武帝都有借此争正统去潜伪与夷夏之辨的心理②。

在《国史大纲》中，钱穆提到在蒙古人统治的元朝，藏传佛教几乎作为国教而被其统治者崇奉。元代的僧侣在蒙古的政治局面里，占有很高的地位。在国师、帝师之下，竟有王公之封。皇室佛事，占到国家政费的大半。寺庙产业盛大，僧尼为患于社会之事也经常发生③。这一局势充分说明了当时佛教的过度发展，并从一个顶戴着为导俗化迷的神圣光环的宗教团体沦落为带着不良习气的封建势力。

再次是关于佛教传播阶段的划分。钱穆提出，如果“魏晋南北朝佛学为传译吸收期，则隋唐佛学为融通蜕化期”，继而他将其分为三个具体的发展阶段④：

---

① 钱穆：《国史大纲》上册，第366～371页。

② 张箭：《三武一宗灭佛研究》，四川大学博士学位论文，2001年。涉及灭佛研究的还有汤用彤的《汉魏两晋南北朝佛教史》，王仲荦的《魏晋南北朝史》，郭朋的《汉魏两晋南北朝佛教》，卿希泰主编的《中国道教史》，任继愈主编的《中国佛教史》，白寿彝主编的《中国通史》以及20世纪80年代以来肖黎、向燕南、施光明等的若干篇论文。张箭的博士论文在参照前人的基础上作了系统深入的专题研究，具有一定的参考价值。

③ 钱穆：《国史大纲》下册，第654～658。

④ 化声在《佛学研究之历史观》中将佛教在华传播的历史从佛教研究立场上概括为翻译时代、留学时代、注疏时代、变化时代，该文勾画了佛教发展的历史脉络，对四个时代作辨析入微的分析，总结出重旧学应新潮的论点，价值颇高。详见张曼涛主编：《佛学研究方法》，台北：大乘文化出版社，1978年，第74～93页。

起先为小乘时期，以轮回果报福德罪孽观念为主，与中国俗间的符箓祭祀阴阳巫道，专务个人私期求者相依附。

接着为大乘时期，以世界虚实、名相有无之哲理玄辩为主。这一时期自道安、鸠摩罗什翻译空宗、有宗经典以降直至玄奘游学印度西归创立唯识宗。

之后为台、贤、禅诸宗的创兴期，“其一切义理，虽从空、有两宗出，而精神意趣、轻重先后之间，则不尽与印度空、有两宗同”。

钱穆认为小乘偏教、偏信，大乘偏理、偏悟，中国台、贤、禅诸宗则偏行、偏证。他据此认为这是佛法的蜕变之处。“故必有台、贤、禅三家兴，而后印度佛法乃始与中国传统文化精神相融洽、相和会。”① 钱穆认为隋唐盛运复兴，佛法重心亦逐步南移。

从佛教的社会传播角度来看，随着佛法弘扬的逐步深入，社会人士对于佛教教理在哲学思辨上的要求渐渐增高，而高僧大德们则以自己的道德与修行创教立宗弘法利生。当然，不能泛说佛教入华前期就没有高僧的行证，也不能说中期就没有信解。两者也许一直都是存在的，但是在不同时期，从对社会影响层面来看，侧重有所不同而已。

最后是从民风与宗教传播上进行考虑。民族性情与宗教的发展有很大的关系，就像印度与中国的佛教在形式上就有很大的不同，而中国的南北发展亦有很大的差别。

佛教来中国，教人先出家。中国人生重家，其道大异。但后世中国社会，父母死必邀僧侣来家诵经念佛，超度亡魂，僧侣亦乐为之。实则僧侣心中亦各有其父母之存在。此即佛法中国化之一证。又佛教主人身地、水、风、火，四大皆空，既不主有人世界，自不主有鬼世界。但以此心悟此法，佛心佛法，则可常存宇宙间。中国佛教乃专从此方面来加发挥，来加宣扬。此心此法即此道，此道弥满天地间，则为佛教中国化之更大表现。此心此道：则以己为之主，故曰即身成佛，立地成佛，则人世界即可

① 《国史大纲》上册，第372~373页。关于此问题，另可参考汤用彤：《汉魏两晋南北朝佛教史》（增订本），北京大学出版社，2011年。

为佛世界，实即人世界即可为圣贤太平世界。此又中国人生理想之所在①。

> 每一宗教各奉一教主，耶回两教皆然。佛教分大乘小乘。释迦最先所说或仅属小乘，此后异说宗派纷起，遂有大乘。我爱吾师，我尤爱真理，大乘佛学已趋哲学化。但说法日分，则教主被信奉之地位亦日降。佛教在印度，终于衰落，亦此之故。其来中国，则惟传大乘，宗派更日增，而益见佛教之盛。此亦中国民族性情使然②。

钱穆还认为山林佛寺与义庄社仓等为社会上调节经济、赈赡贫乏之一机关③。

（三）佛教流传的主要原因

佛教在中国的传播，有很多方面的原因。除了西域僧人入华传法，和外在的社会政治背景以外，钱穆认为主要的决定因素有下面三个内在条件：

第一，是依自力，不依他力。由“依法不依人”“人皆有佛性”等而证。钱穆说：“宗教都信外力，信天帝，佛教独崇内力、自力。佛陀只是人中之一觉者，抑且凡具此种觉者都是佛，故有十方诸佛’三世诸佛、恒河沙界诸佛等。盖以人格观念而发挥平等义者，此义独与中国传统思想相近。”④ 由于与中国传统思想相近，所以在思想层面就容易为本土人民所接受，从而奠定了其传播基础。而且“佛学依法不依人，更要不在觉者，而在其所觉之法。而其对于法性之阐明，重实践尤重于思辨，此又近似中国思想”。⑤

---

① 钱穆：《现代中国学术论衡》北京：生活·读书·新知三联书店，2001 年，第 14 页。

② 同上。

③ 钱穆：《国史大纲》上册，第 374 页。钱穆弟子严耕望先生亦曾以民俗考察宗教传播轨迹，可见其《治史三书》（上海人民出版社，2011 年版）与《唐人习业山林寺院》（《严耕望史学论文集（卷下·综合编）》，上海古籍出版社，2009 年，第 886～932 页）。

④ 钱穆：《中国思想史》，北京：九州出版社，2011 年，第 138 页。

⑤ 同上。

第二，主救世，不主出世。其一，由“三世因果轮回报应”思想出发的当身修行，勇猛精进地积极改造自我与社会的思想；其二，“众生不成佛，我亦不成佛”的大乘慈悲观；其三，“生死即涅槃，烦恼即菩提”的无我救世观。钱穆认为佛教之消极处近道，积极处通儒隐。从精神意气方面来看，佛教实与两汉儒统貌异神是，都是为了人文大群积极有所贡献。从方法上看，两者又有所区别，儒家着眼于社会实际政教方面者多；而佛学高僧则转从人类内心微处为之解纷导滞，使得陷于黑暗混乱的人群得到宁定与光明，这一点正与儒家致力政教之用心，殊途同归①。

钱穆还认为：“一切宗教，都偏重天国出世，佛教虽亦是一出世教，但重在对人生实相之种种分析与理解。佛学毋宁是根据于其人生观而建立起宇宙观者，又毋宁是出发于对人类心理之精微观察而达成其伦理的主张者。此一点又极近中国之人文中心精神。”②

另外，佛教的生命观亦有重要的作用。如钱先生就提出：“佛学不取固定的灵魂观，亦不主张偏陷的唯物论，而宁采取一种流动的生命观，此层亦与中国见解大体相似。”③

第三，第一流人物诚心求法、宏济时艰之热忱。钱穆认为佛法盛行的主要原因不在于出世清谈、未来慰藉、现实福益，而是在于主要有道安、僧肇、慧远、法显、竺道生等品德学养尤为显著的大家。

> 此等皆以极伟大之人格，极深美之超诣，相望于数百年之间。盖以当时中国政教衰息，聪明志气无所归响，遂不期而凑于斯途。此皆悲天悯人、苦心孤诣，发宏愿，具大力，上欲穷宇宙真理，下以探寻人生正道，不与一般安于乱世、没于污俗，惟务个人私期求者为类。故更使佛教光辉，得以照耀千古④。

这段话以两个“极”字做形容，可见钱穆对于佛学大家评价之高，对

① 钱穆：《国史大纲》上册，第363～364页。
② 钱穆：《中国思想史》，第138页。
③ 同上。
④ 钱穆：《国史大纲》上册，第364～365页。

他们的人格光辉与修行造诣钦佩之至。在政教衰微，社会动荡，利用传统文化难于解脱的时代背景之下，当时的知识分子将眼光放到了西方，积极寻求外来宗教高深思想的支援。这也正应了《易经》所说的“穷则变，变则通，通则久”的发展趋势。

第二节　辨析发展脉络

（一）论述禅宗《坛经》思想

钱穆梳理佛教在中国的历史，提出佛教传入中国后，到了天台、禅、净、华严诸宗时，就已经着重在修持及方法方面。尤其是禅宗，运用方法使人觉悟方面达到了巅峰。后来禅、净合流，方法归于简化，其要点在于以行入门。钱先生说：“若追溯到达摩，则达摩实主苦行，并不主顿悟。六祖种种说法，还应上溯到竺道生。定慧齐修，止观双运，此时中国传统进入了佛学。”① 由六祖而溯源到竺道生，可以说是钱先生的一个创见。他的《中国思想史》中所述及的关于佛教的人物主要就是竺道生与慧能。关于竺道生，他认为天台、华严与禅三宗，所创成的中国佛学体系，均可与“生公”② 所悟会通。

> 尤其是禅宗，更与生公思致相近。惟当生公时，佛经翻译尚未尽量，佛法阐究尚未充分，故佛学之中国化亦遂有待。然生公已为佛学中国化开辟了门径，悬示了标的，所以我讲中国思想史的佛学部分，首先要提到生公③。

关于慧能的评价，钱穆说：

---

① 钱穆：《中国学术通义》，第224页。

② 请注意，这里钱穆用的是“生公”的尊称，评价是非常高的。

③ 钱穆：《中国思想史》，北京：九州出版社，2011年，第146页。

六祖只把人心的知见，完全从外在、他在的对象中越离，而全体回归到内在、自在的纯粹知见即心本体上来。此一心本体，却是绝对平等的。宗教必然带有崇拜性，到六祖始说成绝对平等。宗教必然带有出世性，而六祖却说成不待出世。知见只是在此世中的知见，只不著于此知见而已。六祖这些说法，已把佛学大大转一弯，开始转向中国人的传统精神（即平等的与入世的），即完全是现世人文的精神。也可说，到六祖，中国人的传统精神始完全从佛教里解放①。

就此，或可明晰钱穆对于禅宗的整体看法。当然，这也是其解读《坛经》的思想立场所在。钱穆对《坛经》的解析，主要是点明了《坛经》开创的禅门革命对于后世的影响以及其作为解码宋明理学的关键②所在。关于《坛经》的思想，钱穆认为最应该注意的有两点：

第一，是佛之自性化。钱穆认为东晋南宋间人竺道生率先提出一切众生皆有佛性，而且“他是第一个提倡顿悟的”，钱穆先将“顿悟”简单理解为“义由心启，法由心生”，后来慧能一派的禅宗承顿悟思想而讲“心即是佛”。钱穆解析慧能在《坛经》中所经历的种种过程中，用了八个字“命如悬丝，其心不动”来点破慧能的心修潜修以及后来的如实说法，并认为其超越前人的地方就在于强调了“自性自度，自成佛道”的禅宗修行思想。

---

① 钱穆：《中国思想史》，第 156 页。

② 赖永海教授认为：“佛教传入中国后，其思想受儒家的影响比较大。从学理层面来讲，儒学最核心的思想乃是心性论，因此，佛教的中国化在某种意义上说，是一个在儒家思想影响下的心性化过程，禅宗就是中国化的代表。佛教先是受到儒家心性论的影响，后来又对宋明理学产生了影响。具体而言，一方面，儒学使得中国佛教把作为本体的‘真如’和‘佛性’落到了‘心性’上。在印度佛教中，‘真如’和‘佛性’主要指抽象的本体，但禅宗却用心性来讲佛性，通过心性化实现了佛教的中国化。另一方面，佛教又保留了其本体论的思维模式。如果说隋唐佛教在某种意义上，就是把佛性心性化的同时把心性本体化，那么这种本体化了的心性论又反过来影响宋明理学，成为宋明理学的基础。宋明理学又称‘心性义理之学’，此中之‘心性’就是一种被本体化了的‘心性’，这正是宋明‘新儒学’‘新’之所在。佛教对中国学术思想产生的最大影响就是其本体论的思维模式。”这一看法与钱穆的颇为一致，参见：郑飞、黄佩映：《中国佛学是理解宋明理学的钥匙——访赖永海教授》，《中国社会科学报》，2012 年 4 月 23 日。

第二，是佛之世间化。“万法皆由人兴”，这一点也体现了慧能强调的在家出家亦可得的随处修行思想。

通观这两点，钱穆概括认为慧能弘扬佛法主要在“人性”与“人事”上着力。出世又入世的禅宗思想，既是对以往佛学的革新，又开启了宋代理学之风。因此，钱穆将慧能看做“此一大转折之关键人物”不无道理。钱穆点明“法从心生，真修真悟”，他认为“牢记这两点，却可帮助我们了解慧能以下禅门许多故事和其意义之所在。”①

钱穆对禅宗有一独到点评：

> 禅宗自称“教外别传”不着言语，不立文字，直指本心，见性成佛。而其后推演愈深，乃至无佛可成，无法可得，无烦恼可除，无涅槃可住；无真无俗，本分为人，呵佛骂祖，得大解脱；如是则世、出世之界划尽泯，佛氏“慈悲”乃与儒家之“仁”，同以一心为应世之宗师。故论绾合佛义于中国传统之大群心教者，其功必归于禅宗也②。

另外，钱穆也提及：

> 佛门禅学，本不止达摩一宗。天台尤显赫，在慧能以前早已盛行。他们的止观法门，正讲的看心看净法。智者大师的六妙法门：一数，二随，三止，四观，五还，六净。净是禅学最深最后的一级。智𫖮说：净为妙门者，行者若能体识诸法本性清净，即便获得自性禅也③。

这也充分体现了他对于中国佛学不同宗派的深刻认识与清晰见解。

（二）回应胡适与铃木大拙关于禅的讨论

众所周知，胡适之试图用求证的方法来解读禅，而铃木大拙则认为只

① 钱穆：《〈六祖坛经〉大义》《中国学术思想史论丛（4）》，第148～157页。

② 钱穆：《国史大纲》上册，第373页。

③ 钱穆：《中国学术思想史论丛（4）》，第107页。

有内在体验过才好研究禅的历史外观。钱穆对两者加以评判。他认为胡适对于中国禅学缺乏内在理解，一意从外在事象来讲禅学史，是其重要缺陷；而认为铃木未能在客观的中国禅学史上来说点明慧能禅的地位，因此也没能够真正深入阐发。钱穆认为解读禅的思想需要通透到中国儒道两家思想的内在融通处，将禅学史与儒道思想史并及以后的理学思想史一并研究，方才明了①。这一点亦颇印证了钱穆本身的治学特色。钱穆回应胡适与铃木大拙关于禅的讨论的学术思想大致可分为两类：

其一，破邪扶正。胡适根据敦煌写卷考论中国初期禅宗史料的文章，虽然多有发现，但是持论未免过偏。尤其是过度拔高神会与《坛经》的关系，认为神会是“新禅学的建立者”，“凡言禅皆本曹溪，其实皆本于菏泽”。钱穆一一从学理性上进行辩驳修正。如举韦处厚一文的解析证明“自慧能不立文字，以《坛经》传宗，固是在禅宗史上开展出一番革命精神，而神会仍主总持宗教，独莹耀珠，则仍是对慧能别有其一番意味”。胡适不明韦文意思，误解为神会与其徒以《坛经》传宗，与原本意思相去甚远。又如传法袈裟一事，胡适认为“此等全是‘神会自由捏造’”，而钱穆经过考证对比后认为“到底慧能是于弘忍言下悟入，又经弘忍印可认许，那袈裟即是信物，不容慧能不郑重提及。但以后他门下僧众，渐渐将此一段故事更庄严化，神秘化，而且传奇化了，遂成为《坛经》所云云”。钱穆明确提出：“不能说《坛经》全属神会捏造，而袈裟传法则全无其事。”② 无独有偶的是，吕澂在《中国佛学源流略讲》中也谨慎地提到：“《坛经》中确有慧能的思想，但哪些是慧能的，哪些是后人的，从《坛经》本身已经很难一一区别出来了。至于现行的本子是否就是神会一系所改动的，这也很难确定。因为流行的本子上署名法海——道济——悟真，都不是神会一系的人物”③。

其二，历史考据。钱穆通过种种版本的对比与考证确定了“今传《坛经》敦煌本自有祖本在南方，即出法海编集……决非神会及其信徒伪

① 钱穆：《评胡适与铃木大拙讨论禅》《中国学术思想史论丛（4）》，第213~224页。
② 钱穆：《神会与〈坛经〉》《中国学术思想史论丛（4）》，第95~135页。
③ 吕澂：《中国佛学源流略讲》，中华书局，1979年，第232页。

造”①。关于历史考据方面，还包括钱穆对定慧等学的思想脉络梳理。《坛经》中的行由品、机缘品、定会品、顿渐品等所述诸事，讲明《涅槃经》与《坛经》中所阐述的定慧问题的关系。钱穆认为普寂、降魔等后世禅师教人“凝心入定，住心看净，起心外照，摄心内证”等思想皆有来历，或本于《涅槃经》思想。客观来说，胡适引起的这一场讨论旷日持久，并引起了后来对禅宗的种种讨论，在学术史上有一定的历史价值。钱穆的评论则具有破邪立正的功能，从根本上梳理了胡适“大胆假设”之下不“小心求证”的谬误之处。其目的并不在于“对神会的禅思想史地位与菏泽宗的盛衰历史正面提出诘问”②，而是彰显正本清源的史家本色。

（三）辨析源流

钱穆除了阐发禅宗思想与回应胡适的论禅以外，他还归纳总结了辨别后世禅宗经典是否伪托的明证，如他指出：

> 六祖以前……谓为旧禅，六祖以后……始为新禅。新禅诸祖师之思想义理，皆可于《坛经》溯其源……一若成为《坛经》思想之所从出，实则乃《坛经》思想盛行以后所伪托③。

由此思想，钱穆考证《少室逸书》非达摩所述，而是后人伪造妄托。其作者应是慧能之后的一个学佛兼习道家的居士。

同样的，根据宝志《十四科颂》中的大乘赞：“有心取相为实，定知见性不了。”钱穆认为这十二个字实是伪托者凝缩宗门语而成，“决非宝志先有了此十二字，而唐以下诸禅德乃将此十二字引申演绎出许多话来”。钱穆指出这种以文字考订思想，在辨禅宗思想演进脉络中可援用，皆因“治禅宗思想史者，《坛经》以前，所传语言著作，出后人伪托，可资辨订

① 钱穆：《读〈六祖坛经〉》《中国学术思想史论丛（4）》，第137页。

② 葛兆光：《增订本中国禅思想史：从六世纪到十世纪》，上海古籍出版社，2008年，第269页。

③ 钱穆：《中国学术思想史论丛（4）》，第162页。

者甚多”①。如果不是熟知禅门思想与宗门语录，以朴素的历史考据方法，贸然下手，则可能出错。这也是钱穆治学严谨之处。

钱穆还通过《读寒山诗》来钩稽寒山的身世，并述其情怀思想。比如他认为寒山生世当在大历贞元间，不能上出贞观。其素重道家长生修炼之术，被杜光庭列入仙传，获跻高寿是有可能的。修行路线亦是先慕道，后依佛。年逾三十隐修，入寒山三十年，七十岁后才最终出家②。

第三节　阐发文明关系

禅宗与理学的关系向来是一个值得探讨的问题，古往今来的研究也是不少。钱穆自 1944 年末至 1945 年初在《思想与时代》上连续刊载了三篇关于禅宗与理学的文章。这方面的思想可大致归纳如下。

（一）辨析关系

罗钦顺，字允升，号整庵，程朱理学传人③。钱穆说：“整庵《困知记》，排击陆王，亦反禅学……自唐以来，排斥佛氏，未有若是之明且悉者”④，因此，钱穆通过罗整庵《困知记》来辨析宋明理学与禅宗的关系。他认为宋明理学是先秦儒学与唐宋禅学的融通混合：“论其精神，则断然儒也。而其路径意趣，则终是染涉于禅学而不能洗脱净尽，此非宋明理学之失，乃唐代禅学之却有所得。”⑤

（二）东土的宗教革命

钱穆以东土的宗教革命来比唐代禅宗思想的反动，以六祖与马丁路德

① 钱穆：《中国学术思想史论丛（4）》，第 173～176 页。

② 同上，第 177～195 页。

③ 郭齐勇谓：“自明中叶起，程朱理学的正宗传人罗钦顺已经沿朱熹的理气关系走向了气学，王廷相更将气学推向高潮，这就从理学中形成了气学。”语出郭齐勇编著：《中国哲学史》，北京：高等教育出版社，2006 年，第 327 页。

④ 钱穆：《中国学术思想史论丛（4）》，第 225 页。

⑤ 同上书，第 240 页。

作比：

首先从宗教依他力方面，对禅宗宗教革命做了四点说明：（1）教味淡，理味深的舍他归己即心成佛论；（2）皈依一无所著的心净往生论；（3）本心生万法、自性不实、应病与药求法论；（4）打破出家限制的修行戒律观。这四点，成佛、往生、求法、出家，六祖大师一一为之解脱破除，从而呈现一个极彻底的宗教革命。

其次，从革命精神方面来看，六祖之前的几位祖师，大多“起自微末，历尽艰辛，遁隐逼害”，与当时的高僧名德受社会尊崇供养相比，确实犹如“异军苍头”。因此，钱穆说：“若确然对佛法树革命大旗，正式提出一种反抗精神者，则断自六祖始。”

再次，谈机锋，钱穆举了达摩安心论，僧问佛法大意，丹霞烧木佛三类四个例子，分别解说了如下三种不同的机锋类型：（1）来势紧，多山不迭时，直向对方当面遮拦，逼使对方折返照顾自身；（2）来势较松，向旁躲闪，使对方扑空，立脚不稳，折回照顾自身；（3）使劲未足，逗其出手，乃乘势引拽，拖之使倒。禅门机锋棒喝，作为一种“活泼机警之辩慧”，其目的在于教人自心自悟。与其他宗教教派最为不同的是，表现为摧破外在迷惑，解脱内心缠缚，实际上是一种大机大用慈悲度人的方便法门。机锋不似文字禅，不是故意作怪。禅堂里未悟言悟，是要“打杀给狗子吃的”。杀机弥漫，看似好玩，实是生死相关的大问题，儿戏不得。

最后，理学亦可说是宗门法嗣。文中钱穆认为，大慧宗杲的时候，“禅举将衰，理学已盛，正已是禅宗理学交替之时”①。他提出，理学家辟佛，正是从外打入，而禅宗诸祖师则是自内打出，所以钱穆认为，理学特承禅宗之绪，由释返儒，其端实自宗门启②。

（三）教理之争

从梳理学术思想史的角度，钱穆认为三国魏晋以下的学术思潮，主要是南北朝隋唐佛教与宋明理学迭起争长的时期，可概括为宗教与义理——

---

① 钱穆：《中国学术思想史论丛（4）》，第255页。

② 同上书，第241～258页。

即教理之争。“教者资外为知，故必渐修而尚信。理者由中起照，故必顿悟而贵知。”① 两途最先提出来的当属南朝宋代的谢灵运。钱穆在文章中通过《广弘明集》卷十八所述的：“华民易于见理，难于受教。故闭其累学而开其一极。夷人易于受教，难于见理，故闭其顿了，而开其渐悟。”从此而认为佛法首贵受教与渐修，儒学则贵悟理与顿了，进而将此作为后来理学与佛学之区别。佛家顿悟义，在中国是竺道生最先提出来的，禅宗中有“生公说法顽石点头”之公案，即指众生皆有佛性，皆能顿悟成佛，一阐提（指缺乏成佛根机者）也不例外。钱穆根据道生例子及其《维摩经注》、《法华经注》等认为生公推举理悟，蕴孕了后来宋儒高抬理学。

> 佛教至禅宗崛起，已不主出世，然在形迹上仍沿旧辙，遁迹山林，是不出世而逃俗也。虽不主来世成佛，不主往生西土，而仍自披剃入山，逃俗即为出世。禅宗盖欲摆脱宗教之出世精神而未尽者。宋明理学，转讲修齐治平，不再逃俗，然必以个人之存心养性为之主②。

钩稽禅学与理学在中国学术思想史上之关系与地位，钱穆说：“理学家之可宝贵，在其吃紧人生，于宇宙万物之推阐，莫不以人文界为基点出发。其于人文界，则特重人之心性与修行。”此一点正反映了宋代理学于修行精神上密近禅宗③。当然，钱穆也讲教理之争“貌异而情协，乃一事之两面”。他举儒墨道诸家为例子，并详列程朱性理思想与陆王心学。明清之际，“心性转向治平”，开启第三期新学术的曙光。钱穆以点评戴东原对宋儒理学的解读而收尾。钱穆认为东原之说，“虽未足以定前人之是非，而其精神所在，实仍沿晋宋以来教理之争之旧”④。钱穆对教理之争在学术史上的梳理，其实也可以看做是中国学术思想上阴阳对立统一的演变轨迹，“一阴一阳之谓道”，学术之于社会不外乎此。

钱穆曾说：“今学者如龚定庵、魏默深，皆通佛学。下至康长素、章

① 钱穆：《中国学术思想史论丛（4）》，第 261 页。
② 同上书，第 263 页。
③ 钱穆：《读宗密〈原人论〉》《中国学术思想史论丛（4）》，第 196～212 页。
④ 钱穆：《三论禅宗与理学》《中国学术思想史论丛（4）》，第 259～292 页。

太炎，皆然。民初欧阳竟无设立支那内学院，梁任公亦亲往听讲。这些都说明了中国旧传统学人对外来佛学之开放持平的态度。均不曾足己自守，一仍故旧。这一态度是又堪今天的我们来加以认识和作为参考的。”① 从钱穆评点其时代人物对于佛教的态度来看，他的学术立场当是开放而包容的。钱穆写史不离儒家立场，因此对佛教或禅宗的点评均常以儒家、儒统作比。然而，他能一反古代正史略述少述乃至于回避宗教的风气，而给予佛教与禅宗甚高的评价，实属难能可贵。

① 钱穆：《中国学术通义》，北京：九州出版社，2011 年，第 328 页。

第三章 人生哲学：天人合一与道德人生

钱穆是一个坚持中国传统的历史学家，被誉为一代通儒。他以儒家为本，兼采传统各家于一身。对于钱穆的研究成果，近三十年来一直层出不穷。这些作品主要集中于义理、词章、考据，以及对于其历史思想、教育思想等方面的探讨，而关于其人生哲学或宗教信仰观的专文却很少①。钱穆认为无论哪一个文化，都应该有超个人超时代的共同信仰，只有坚持这样的信仰才能保证在流变的历史中，凝成社会文化。他认为这样的一个信仰，可以叫做宗教的信仰②。通过钱穆的著述，可知他的思想背景主要是"会通古代圣贤孔孟先训，下及宋明理学家言，并旁及百家群籍，撷其精华，取归简要……亦不免有些处加进我个人之自己意见在内"③。贯通古今，阐发独到见解成为了钱穆著述的重要出发点，而对他的人生哲学的考察也需要以此入手。钱穆在《中国人之宇宙信仰及其人生修养》一文中写到：

> 中国人对宇宙与人生之认识与信仰，既不成为一宗教，亦非全本

① 相关讨论大致有：蔡尚思：《天人合一论即各家的托天立论——读钱穆先生最后一篇文章有感》，《中国文化》，1993年01期；朱寰：《钱穆天人观的转变》，《青岛大学师范学院学报》2004年3月；张思齐：《钱穆黄帝观的宗教意识》，《烟台大学学报》（哲学社会科学版），2008年1月；陈复兴：《关于钱穆先生国学思想的再认识》，《社会科学战线》，2008年第5期。

② 钱穆：《宗教在中国思想史里的地位》，收于《世界局势与中国文化》，《钱宾四先生全集》，第43册，台北：联经出版事业公司，1998年，第285页。

③ 钱穆：《世界局势与中国文化》，第98页。

之科学，更非如西方哲学上之唯心论，与唯物论成为一番纯思辨之推理。在中国则只是一套常识，历古相传，彼此共认，在枝节上纵非无异同，但大体则终归一致①。

钱穆认为中国人对于宇宙人生的认识并不成为一宗教而只是一套常识。这套常识贯串中国人的日常生活，联通古往今来，从孔孟老庄所代表的不同门派的思想家到普通百姓都是生活在其中。这套常识，钱穆到了晚年才真正领悟到其中真味。

第一节　天人合一

1990年，钱穆96岁，他在素书楼上完稿的《中国文化对人类未来可有的贡献》中有这么一句话：

中国文化中，“天人合一”观，虽是我早年已屡次讲到，惟到最近始彻悟此一观念实是整个中国传统文化思想之归宿处……数日中，专一玩味此一观念，而有彻悟，心中快慰，难以言述。我深信中国文化对世界人类未来求生存之贡献，主要亦即在此②。

这一句话道出了他自己对这一彻悟的满意与信奉。虽然他认为中国传统文化对“天”、“人”的认识并不成为宗教或者导源出现代意义上的科学，但是中国人在宗教信仰上的神性向度却正是体现在了“天人合一”观之上。针对这一点，钱穆是这样表述的：

中国古代人，可称为抱有一种“天即是人，人即是天，一切人生尽是天命的天人合一观”。这一观念，亦可说即是古代中国人生的一

① 钱穆：《世界局势与中国文化》，第77页。

② 同上书，第419页。

种宗教信仰，这同时也即是古代中国人主要的人文观，亦即是其天文观①。

正如《黄帝内经》所云："善言天者，必有验于人。善言古者，必有合于今。善言人者，必有厌于己。如此则道不惑而要数极，所谓明也。"（《素问·举痛论》）由人文而天文，由人生而至于天命，是中国古人对于人生社会与自然的一贯认识。钱穆作为历史学家，他强调博通而不强调精专的思想观念正印证了鉴古知今、了知古今绵延演变的因果关系，因此他非常重视"天人合一观"。

> 以过去世界文化之兴衰大略言之，西方文化一衰则不易再兴，而中国文化则屡仆屡起，故能绵延数千年不断。这可说，因于中国传统文化精神，自古以来即能注意到不违背天，不违背自然，且又能与天命自然融合一体。我以为此下世界文化之归趋，恐必将以中国传统文化为宗主。……今仅举"天下"二字，包容广大，其涵义即有，使全世界人类文化融合为一，各民族和平并存，人文自然相互调适之义②。

钱先生强调"中国式的'天人合一'之思想，具有另类的思想质素，散见于其所著书中；且临终犹念念不忘，郑重申明其义。最终由夫人整理写成之遗言录中。"③

虽然钱穆本人及其夫人非常重视这最后一篇文章，然而并非所有人都持赞同态度。比如有前辈学者就不同意钱穆的说法而认为"天人合一论即各家的托天立论"。这位前辈明确提出："钱穆先生说的'一切人生尽是天命的天人合一观'，应当改为'一切天命尽是人生的天人合一观'，才合事

① 钱穆：《世界局势与中国文化》，第421页。
② 同上书，第423页。
③ 戴景贤：《中国历代思想家》（钱穆），北京：九州出版社，2011年，第277页。

实”①。“合事实”，这里的“事实”可以有两方面的解读，一方面是从学术上，即将“天人合一”视为一种文化形态，古代的思想家确实有很多是此类的。钱穆弟子戴景贤先生也认为所谓“天人合一”，在实际上只是一种文化思想形态，“其为‘形态’，正与‘心物合一’‘体用合一’等表示之语在哲学中相似”②。另一方面则是从生命与思想上，如钱穆在文中所提到的：“就此而言，孔子的人生即是天命，天命也即是人生。”③ 明显的是，钱穆写作此文的立场当属后者。站在人生哲学的角度来看，汤一介先生、杜维明先生、郭齐勇先生的观点可以有所佐证与参考。

汤一介先生在《读钱穆先生〈中国文化对人类未来可有之贡献〉》中认为：“‘天人合一’作为一种观念，它所强调的不是‘天’和‘人’的对立，不是离开‘人生’讲‘天命’，而是强调‘天’和‘人’的和谐，即由‘人生’来发明‘天命’，这正是我国古代经典《周易》中的‘太和’观念的基本内涵。”④ 汤先生根据《周易·乾卦·象辞》中说：“乾道变化，各正性命，保合太和，乃利贞。”而进一步深入阐释钱穆的观点。他说：“天道的大化流行，万物性命各得其正，保持完满的和谐，人类社会的发展就会顺通圆满。因此，我们可以说，钱穆先生的《中国文化对人类未来可有之贡献》一文是为我们留下的宝贵遗产。”⑤

杜维明先生的意见更为直接。他说钱穆虽然“是一位突出文化和思想的史学家，但他的晚年彻悟却有着深刻的哲学意义和宗教内涵”⑥。同时，杜先生也颇为可惜地提到：“不过很多他的及门弟子对这一彻悟不仅不能

---

① 蔡尚思：《天人合一论即各家的托天立论——读钱穆先生最后一篇文章有感》，《中国文化》，1993年第1期；蔡尚思：《我的四点看法——关于“天人合一”及其他》，《瞭望》，1995年第9期。

② 戴先生的意见并未止于此，详见下文。此处参考戴景贤：《中国历代思想家》（钱穆），第277页。

③ 钱穆：《世界局势与中国文化》，第422页。

④ 汤一介：《读钱穆先生〈中国文化对人类未来可有之贡献〉》《北京大学学报（哲学社会科学版）》，1995年第4期。

⑤ 同上。

⑥ 杜维明：《东亚价值与多元现代性》，北京：中国社会科学出版社，2001年，第30页。

理解，而且无法接受，有人甚至认为‘天人合一’的理念已经过时。”① 杜先生还提到：“很多第一流的中国学者如梁漱溟、冯友兰、冯契、顾准等对中国传统都有深刻的悟性，正如陆象山所说的，读孟子而自得之”②。这或许印证了一流学者与普通学者之间在学术创造与生命体验上的差异。既然连钱先生的弟子都难以理解，也就难怪乎其他学者的误读了。除了杜先生的感慨以外，写过《钱穆评传》的郭齐勇先生也对“天人合一”发表过一些重要看法。比如，“‘天人合一’……它实际上是带有神秘性体验的、带有敬畏或信念的、对于中国大传统中具有神秘性和宗教性的天、天命、天道的崇拜”③。据此，郭先生进一步提出：

> 反思启蒙还是要正确地理解中国的人文精神，而中国的人文精神和价值理性则是与敬天法祖的信仰联系在一起的。因此我们讲儒学，讲中国人文精神的重建，就离不开儒家传统中伦理层面、民俗层面、日用不知层面的背后都有一种深刻的超越的形上的存有，一种神圣感、使命感、责任感，一种如同《中庸》所阐明的凡庸与神圣的关联④。

从凡俗到神圣的关联，让今人讨论各种现实问题的时候，不得不回归到“天、地、人、物、我的良性互动的关系”，“从而重建有约束力的信仰系统、真正有精神家园、归宿感的文明”⑤。这个当与钱穆所自信的中国文化对人类未来的贡献是一脉相承的。

在钱夫人追溯钱穆写作《中国文化对人类未来可有的贡献》的过程中，深切地提到钱穆所讲的最重要的一句话：

> 学术是不能乡愿的。我从前所讲，和现在所想讲，大不相同。我

① 杜维明：《东亚价值与多元现代性》，第 30 页。
② 同上。
③ 郭齐勇：《重建维系人心的信仰系统》，《学海》，2010 年第 5 期。
④ 同上。
⑤ 同上。

从前虽讲到“天人合一观”的重要性，我现在才彻悟到这是中国文化思想的总根源，我认为一切中国文化思想都可归宿到这一个观念上。两者怎能相提并论。这是我对学术的大贡献呐！①

一位96岁老人的肺腑之言，他人生路上最后的彻悟——“天人合一”观，他的生命践履与学术著作，无不体现了这一点。

第二节　知行合一

《周易·文言传》道：“夫大人者，与天地合其德，与日月合其明，与四时合其序，与鬼神合其吉凶。先天而天弗违，后天而奉天时。”这句话既表达了“天人合一”的理想状态又强调了“知行合一”的人生理念，钱穆身上就深深体现了这种理念的影响。

钱穆认识到“天人合一”观即是中国古人的人生哲学与宗教信仰。这种信仰虽缈远而可追求，虽神秘而又合实际，关键就在于中国人向来非常强调知行合一。这一点也就将对天命的体悟贯彻落实到人生践履之上。

中国文化过去最伟大的贡献，在于对“天”、“人”关系的研究。中国人喜欢把天与人配合着讲。我曾说“天人合一”论，是中国文化对人类最大的贡献……中国人是把“天”与“人”和合起来看。中国人认为“天命”就表露在“人生”上。离开“人生”，也就无从来讲“天命”。离开“天命”，也就无从来讲“人生”，所以中国古人认为“人生”与“天命”最高贵最伟大处，便在能把他们两者和合为一。离开了人，又从何处来证明有天。所以中国古人，认为一切人文演进都顺从天道来。违背了天命，即无人文可言。“天命”、“人生”和合为一，这一观念，中国古人早有认识。我以为“天人合一”观，是中

① 钱穆：《世界局势与中国文化》，第427页。

国古代文化最古老最有贡献的一种主张①。

人心与宇宙的关系是"天人合一"观中最为关键的问题。钱穆虽然认为"中国传统文化中却自己不产生宗教"，但是他明确指出其原因在于：

中国人之宇宙信仰已落实到认人心为宇宙之核心，认己心为人类大共心之起点，只此心一念之善，便可感天地而动鬼神，其着力处在己不在外，此一层便于人类现有各宗教之必倚仗外力蔑视小我者不同。因此只有中国人能把人类自己之道德心性修养来代替了宗教，直从己心可以上通天德、与宇宙为一体，故在中国文化中宜可不必再有像其他宗教之产生②。

诚然，从心性的角度来看，并不需要什么宗教来点缀，而只需道德良心。但是，"圣人以神道设教，而天下服矣"（《周易·观卦·象辞》）。现实的苦难众生，难以通过心性的领悟来改变。因此，圣人借助神道而行教化，遂有道家与佛家相继在中国的发展以及开宗立派。

第三节　道德人生

钱穆在《中国的历史精神》中曾说道：

中国文化精神，应称为道德的精神。中国历史乃由道德精神所形成，中国文化亦然。这一种道德精神乃是中国人所内心追求的一种做人的理想标准，乃是中国人所向前积极争取蕲向到达的一种理想人格③。

① 钱穆：《世界局势与中国文化》，第420页。
② 同上书，第97～98页。
③ 钱穆：《中国历史精神》，台北：东大图书公司，1986年，第114页。

钱穆在这里强调的是中国文化中的道德精神，这一精神正是中国人内心所追求的理想人格。1952年6月，钱穆在一次讲演中梳理了自商周、春秋、战国、魏晋乃至于宋代的天命信仰，进而明确指出：

> 中国人一直到宋明为止，到底还是拿出"天理"两字来作为我们的共同信仰。其间虽有派别分歧，但是如孔孟、程朱、陆王等人所讲的，都不是些徒托空言的哲学上的争论，而是以严肃的态度步步求实践的。所谓"吃紧为人"，就是一种道德的人生。而他们的为人，实在都具有宗教的精神和教主的人格的。
>
> 今天中国人，对自己本有的一切都抛弃了，但新的宗教思想又不能建立。维持社会人心的，实在还是"天理"二字。在此，我们希望热心宗教工作的人，能先了解到中国人心的此一共同信仰，则今后中国的宗教事业，自当有其光明的前途①。

钱穆在1958年9月28日孔子圣诞日时所作的演讲《孔道要旨》中提出："孔子之伟大处，正在教我们以人道，即人与人相处之道，即教我们如何立身处世，在社会上做一人。孔子的教训，以道德始，也以道德终。"②

1986年6月28日，刊载于台湾《联合报》副刊的《今年我的最后一课》中，钱穆语重心长地对学生说：

> 我屡次同诸位讲，最大的学问在人的心情上。读太史公屈原贾生列传，尤该知道司马迁的心情。太史公之伟大，光举屈原贾生合传的题目这一点，就可知道了……我上堂喜欢同诸位讲亲身当前经历，为人为学，莫不如此，才觉亲切有味，确实可据。今天所讲暂止于此，请诸位自己去亲身体验，逐步努力吧③。

---

① 钱穆：《世界局势与中国文化》，第290～291页。

② 钱穆：《新亚遗铎》，北京：生活．读书．新知三联书店，2004年，第128页。

③ 钱穆：《世界局势与中国文化》，第417页。

强调亲身体验，把学问做实于人生之上。这是中国人向来的治学传统，不管是在春秋乱世之际，还是在唐宋太平年代，抑或是晚清民国时代。从对这个传统的坚持之中，可以看到钱穆晚年所彻悟而又最感快慰的“天人合一观”正是建立在他本人九十多年“知行合一”的人生践履之上。因此，当他提出“天人合一观”时，后人愈发觉得坚韧有力，更彰显一代宗师尊荣。

从“天人合一”到“知行合一”，展现的是一个秉持道德人生的钱穆。他所讲的前人以“严肃的态度步步求实践”正是他本人不懈努力著作教书育人的经行解证。钱穆在《灵魂与心》中曾这样说过：

> 古来大伟人，其身虽死，其骨虽朽，其魂气当已散失于天壤之间，不再能抟聚凝结。然其生前之志气德行、事业文章，依然在世间发生莫大之作用。则其人虽死如未死，其魂虽散如未散，故亦谓之神①。

关于此问题，张思齐教授曾以钱穆黄帝观的宗教意识为例推论钱穆坚持以中国的物事为认识之本位，具有比较研究的广阔视野，以及从神学的角度看问题②。这个所谓神学的角度应从史学的宗教意义来理解。王晓毅教授就提出：“历史在中国不仅是知识，而且具有宗教的意义，是通向精神彼岸的途径。因此，史书的创作不能是冷静的理性分析，而是充满情感的体悟，是情理融合的审美。”③ 钱穆的创作当体现了这一点。张教授认为：“钱穆以世界文明史为视角，在世界宗教的总体态势中为其黄帝观之宗教意识建构了一个合理的坐标系。”④ 然而，不仅仅是钱穆黄帝观的宗教

① 转引自余英时：《钱穆与中国文化》，上海远东出版社，1994年，第29页。

② 张思齐：《钱穆黄帝观的宗教意识》，《烟台大学学报》（哲学社会科学版），2008年1月。

③ 王晓毅：《钱穆先生文化生命史观的意义——兼论史学的困境与出路》，《史学理论研究》，1996年01期。

④ 张思齐：《钱穆黄帝观的宗教意识》，《烟台大学学报》（哲学社会科学版），2008年1月。

意识，乃至于钱穆的人生哲学、宗教信仰观念，当也可以通过这些特征进行解析。余英时在《一生为故国招魂——敬悼钱宾四师》中是这样总结钱先生的生命贡献的：

> 他一生为中国招魂，虽然没有得到预期的效果，但无论是世界的思潮或中国的，只是气候和“五四”时代大不相同了。钱先生所追求的从来不是中国旧魂原封不动地还阳，而是旧魂引生新魂①。

余英时从这个意义上来说认为后辈学者当承当其“钱先生的未竟事业，继续为中国招魂”。就“为故国招魂”的意义上来说，钱穆道德人生的体现，与前面“天人合一”、“知行合一”紧密结合的的人生哲学，构成其“为故国招魂”的思想基础。

第四节　反思回归

钱穆自 18 岁开始在小学教书，后任校长。又继而到中学、大学任职，直至到了香港创办新亚书院。他将教育视为自己终身的事业，为弘扬中国传统文化作出了卓越贡献。钱先生青年时代阅读了《新青年》杂志，但是在各种新思想、新潮流的冲击之中，他决心回归传统。同是回归传统，在钱穆的早年与晚年，学术思想还是起了若干变化。以天人观为例：

> 钱穆早年倾向于从人与自然、人与人关系的角度解读“天人合一”，将儒家精神理解为道德人文精神，体现出他作为史学家注重经验事实、轻视形而上学的特点……然而在晚年，钱穆对“天人合一”有了新认识，即从超越的、形而上的角度理解儒家精神，体现出浓厚

① 余英时：《钱穆与中国文化》，第 28～29 页。

的宗教内涵①。

“天人合一”在中国传统中并不只是表现为哲学或思想观念，它可以是生命情感、人生情怀，乃至于宗教信仰，以至于贯彻古人的整体生活之中。戴景贤先生认为《论语》中孔子所说的，如“逝者如斯夫，不舍昼夜”之类，也正是一种“天人合一”情怀之表露。这一表露的方式是情感的，并非概念式的。“至于明白以‘天’‘人’相对之概念，分指‘自然’与‘人道’而语其合，意态近于孔子者，则为庄子。”② 戴氏综合儒道释三家，来评述钱穆的“天人合一”思想。他说：“钱先生之主张‘天人合一’，乃是一种以人之‘创造性作为’与人之‘生活艺术情境’，同时即是自然之延伸与自然之完成之说。盖人性既出于天命，尽性至命，便应以‘人’而完成‘天’。然人若不知常而妄作（借《老子》语），人文即可能违反自然。人与自然之当合为一，不仅应有此认识，抑且应有此情感。”③“天人合一”是钱穆终其一生的体悟，是其人生哲学与学术思想的结晶。这一结晶当可与学佛修道之觉悟证道相媲美。

“天人合一”本是中国传统思想之重要命题，具有甚深的历史渊源。钱穆经历过五四运动，也追看了不少《新青年》，于新思潮多有了解，正因生处西化运动浪潮高涨的时代。“当时国人正希慕一种藉科学文化以达至人定胜天之理想前景，而钱先生则退而倾注其毕生之力，以图表章中国固有的文化思想中，一种圆满意境之想望，以抗拒全盘否定论，此中所见出之识见与情感正寓含有深刻的矫挽时弊之意旨，值得玩味。”④ 钱先生在一百年前就能如此清醒地看到西化运动的弊端，而专注于传统文化之弘扬与著述。

在经过上世纪社会政治动乱以及屡次对中国传统文化攻击之下，现在的社会也逐渐走上反思的道路。回归传统文化，逐渐成为时代的需求。传

---

① 朱寰：《钱穆天人观的转变》，《青岛大学师范学院学报》，2004 年 3 月，第 12～16 页。

② 戴景贤：《中国历代思想家》（钱穆），第 278 页。

③ 同上书，第 279 页。

④ 同上。

统文化之中，儒释道三家已“润物细无声”般融汇于国人身上，犹如血液般数千年来一直在中国人身上流淌着，“百姓日用而不知”。及今看来，或许正是有钱穆这样独立人格的思想大家，为中国历史文化力挽狂澜，一代代的学子们才能沿着先生前进的步伐而追索思考。也正是有这样的一流学者，在努力尝试着为残破的旧中国移风易俗补阙拾遗，学术精神才能得以彰显。

第二编

神话形象：金翅鸟研究

『金翅鸟』释名

传统的金翅鸟崇拜

世俗社会中的金翅鸟崇拜

余论

◎黄　豪

第一章 “金翅鸟”释名

金翅鸟是佛教护法神，位居八部鬼神之列，有大神力，常跟随在佛祖左右，护持佛法。按东晋佛陀跋陀罗译《佛说观佛三昧海经》云：“阎浮提中及四天下，有金翅鸟，名正音迦楼罗王，于诸鸟中快得自在。”①《一切经音义》卷五十三也说：

> 金翅鸟者，或名大嗉鸟，梵语名迦楼罗，或云揭路荼，或号龙怨，皆因形因事立名也，八部鬼神之中是其一部也②。

由此可以看出，金翅鸟也叫迦楼罗、大嗉鸟、揭路荼、龙怨等，之所以有这些名字是因为其外形和事迹使然。一般来说，经常见到的名字就是前两个：金翅鸟和迦楼罗，前者是翻译的名字，后者则是梵语名称。《一切经音义》卷二十九云：“揭路荼王……唐云金翅鸟王，古译云迦楼罗。”③慧琳认为“迦楼罗”是以前的人所翻译，唐代的时候人们把它翻译成金翅鸟。其实也不尽然，刚才提到东晋的佛陀跋陀罗在《佛说观佛三昧海经》中就把它翻译成金翅鸟。此外，西晋竺法护也是这样翻译，其《佛说如幻三昧经》卷一云：

> 是诸佛世尊覩（睹）诸侍者之所启问，默然不应。其彼世界天、

① （东晋）佛陀跋陀罗译：《佛说观佛三昧海经》卷一，《大正藏》第15册，第646页。

② （唐）慧琳撰：《一切经音义》卷五十三，《大正藏》第54册，第659页。

③ 同上书，第499页。

龙神声、阿须伦、迦留罗及金翅鸟①。

这里不仅翻译了迦楼罗（迦留罗），还翻译了金翅鸟。只不过由于竺法护是最早一批的翻译家，那时的翻译还处在摸索阶段，在翻译词语上还没有形成共识，因此出现诸如“阿须伦”、“迦留罗”等词，甚至把迦楼罗和金翅鸟翻译成两种神灵。按僧肇《注维摩诘经》卷一《佛国品》云：“迦楼罗，什曰：‘金翅鸟也。’肇曰：‘金翅鸟神。’”② 鸠摩罗什认为迦楼罗是金翅鸟，而僧肇却说是金翅鸟神。竺法护之所以把迦楼罗和金翅鸟并列，其原因在于，他和僧肇一样，认为迦楼罗是金翅鸟神，除鸟神之外的则为金翅鸟，迦楼罗只有一个（或者四个），而金翅鸟却有无数。

事实上除了上述两个常用名字之外，在唐代还常用另外一个名字——妙翅鸟。窥基《观弥勒上生兜率天经赞》卷一云：“揭路荼者，妙翅鸟也，翅羽艳丽，杂色庄校特异众禽，禽中最大，旧云金翅鸟。”③ 可见“妙翅鸟”一名的出现晚于“金翅鸟”，而这里的“旧云”不可能是慧琳所说的唐代，而只可能是我们刚才提到的两晋时期，一如前述。之所以会有如此称法，玄奘大师说：“揭路荼者，旧云迦楼罗，名为金翅鸟，今云妙翅鸟，鸟翅种种宝色庄严，不唯金故。”④ 玄奘大师认为金翅鸟是五颜六色的，不仅仅只有金色，所以名为妙翅鸟。窥基在《说无垢称经疏》卷二《序品》中也重复了其老师的话⑤。法藏在《华严经探玄记》中也表达了同样的观点⑥。更直白地把话说出来的是良贲，他在《仁王护国般若波罗蜜多经疏》卷一《序品》中说：

揭路荼者，此云妙翅，妙翅鸟神也。云迦娄罗、金翅鸟者，讹谬

---

① （东晋）佛陀跋陀罗译：《佛说如幻三昧经》卷一，《大正藏》第12册，第342～135页。

② （后秦）僧肇撰：《注维摩诘经》卷一，《大正藏》第38册，第331页。

③ （唐）窥基撰：《观弥勒上生兜率天经赞》卷一，《大正藏》第38册，第285页。

④ （唐）圆测撰：《解深密經疏》卷一，《卍新纂续藏经》第21册，第189页。

⑤ （唐）窥基撰：《说无垢称经疏》卷二，《大正藏》第38册，第1018页。

⑥ （唐）法藏述：《华严经探玄记》卷二，《大正藏》第35册，第135页。

也。毛羽之色，杂以众宝，岂唯金色①。

虽然也是重复玄奘的观点，但说得更进一步，认为翻译成“金翅鸟”和“迦楼罗”都是错的。尽管这些大师都主张用妙翅鸟，但是这种呼声似乎没有得到回应，“妙翅鸟”一语也就仅在唐代被人称用，以后再没回响，仅有的例外是几则颂古②。

---

① （唐）良贲述：《仁王护国般若波罗蜜多经疏》卷一，《大正藏》第33册，第447～448页。

② （元）道泰集：《禅林类聚》卷二十，《卍新纂续藏经》第67册，第125页；（明）本瑞直注，性福编集：《萗绝老人天奇直注天童觉和尚颂古》卷一，《卍新纂续藏经》第67册，第453页；（清）蕴上颂并跋，蕴宏著语：《颂古钩钜》卷一，《嘉兴藏》第29册，第178页；（宋）正觉说，净启重编：《明州天童景德禅寺宏智觉禅师语录》卷三，《嘉兴藏》第32册，第194页。

第二章　传统的金翅鸟崇拜

中国人最先接触到的金翅鸟是印度佛教意义上的迦楼罗（仅从译名的角度），那么印度佛教中迦楼罗是什么样的呢？本来，迦楼罗是印度河流域文明时期的生殖崇拜，雅利安人进入印度后，吸收了印度河流域的文明，迦楼罗信仰被融入雅利安吠陀宗教和婆罗门教，变成了太阳神之一，或者说是太阳神的使者之一。到史诗时期，特别是在《摩诃婆罗多》里，迦楼罗已经是一个内容丰富的神灵。迦楼罗出生的时候，其母亲正沦为奴隶。由于是迦叶波仙人的儿子，迦楼罗天生神力，勇猛非凡。为了救出母亲，迦楼罗前往天宫因陀罗处盗取甘露。归途中遇见了永恒之神毗湿奴，毗湿奴钦佩迦楼罗的神力，以不死之躯换得迦楼罗做自己的坐骑和旗徽，尾随而至的因陀罗也与迦楼罗结下友谊。迦楼罗向因陀罗请求准许以蛇作为自己的食物，因为这些同父异母的哥哥，正是它们的母亲陷害了自己的母亲，让她沦落为奴隶。《摩诃婆罗多》中的迦楼罗故事被佛教继承下来，并作了发挥。在佛教中，迦楼罗和龙（也就是蛇）世为天敌的故事正是由此阐发①。

第一节　印度文明中的金翅鸟

佛教兴起之后，从内到外对迦楼罗进行了“包装”。首先从体量上来

① 参见［印度］皮耶娑著，黄宝生、金克木等译：《摩诃婆罗多》（一），北京：中国社会科学出版社，2005年，第56～86页。

看，《杂阿含经》卷三十一云："譬如众鸟，以金翅鸟为第一。"①《大般涅槃经》卷二十四《光明遍照高贵德王菩萨品》也云："善男子，如飞鸟中金翅鸟王为最为上。"② 那这鸟体量到底有多大呢？《菩萨从兜术天降神母胎说广普经》卷七《八贤圣斋品》说："时金翅鸟王身长八千由旬，左右翅各各长四千由旬。"③ "由旬"本来就是很大的度量单位，八千由旬更是个极大的数目。再从种类和数量上来看，金翅鸟有四种，《长阿含经》卷十九《龙鸟品》云："有四种金翅鸟，何等为四？一者卵生，二者胎生，三者湿生，四者化生，是为四种。"④ 数量上也很大，《大楼炭经》卷一《阎浮利品》云：

> 佛言："诸比丘，如一日月，旋照四天下时，尔所四千天下世界，有千日月、有千须弥山王、有四千天下、四千大海水、四千大龙宫、四千大金翅鸟、四千恶道、四千大恶道、七千种种大树、八千种种大山、万种种大泥犁，是名为一小千世界。"⑤

《大般涅槃经》卷一《寿命品》更是说："尔时复有二十恒河沙金翅鸟王。"⑥ 佛教经常用恒河沙来比喻不可计数，这里更说二十恒河沙，意指不可估量。再从能力方面来看，《菩萨本生鬘论》卷三：

> 是时有一金翅鸟王，飞腾翔集从空而下，欲取诸龙以为所食。当其来时，抟风鼓翼摧山碎石，江河川源悉皆干竭。时彼诸龙及龙女等，见是事已心大惊怖，所着璎珞严身之具，颤掉不安，悉坠于地，

---

① （刘宋）求那跋陀罗译：《杂阿含经》卷三十一，《大正藏》第2册，第222页。

② （北凉）昙无谶译：《大般涅槃经》卷二十四，《大正藏》第12册，第506页。

③ （唐）窥基撰：《菩萨从兜术天降神母胎说广普经》卷七，《大正藏》第12册，第1050页。

④ （后秦）佛陀耶舍、竺佛念译：《长阿含经》卷十九，《大正藏》第1册，第127页。

⑤ （西晋）法立法炬译：《大楼炭经》卷一，《大正藏》第1册，第277页。

⑥ （北凉）昙无谶译：《大般涅槃经》卷一，《大正藏》第12册，第368页。

咸作是言："今此大怨，喙如金刚，所触皆碎，将来噉我，其当奈何?"①

再者，金翅鸟和人间一样，也有爱欲，也会死去。关于爱欲，《起世经》卷七《三十三天品》云："诸比丘，诸龙、金翅鸟、阿修罗等，皆有婚嫁，男女法式，略如人间。"② "一切诸龙、金翅鸟等，若行欲时，亦二根相到，但出风气，即得畅适，无有不净。"③ 金翅鸟死时的情况则如《佛说观佛三昧海经》卷一《六譬品》所云：

> 此鸟尔时死相已现，诸龙吐毒无由得食，彼鸟饥逼，周慞求食了不能得，游巡诸山永不得安。至金刚山然后暂住，从金刚山直下至大水际，从大水际至风轮际，为风所吹还至金刚山，如是七返然后命终④。

可见在佛教中，金翅鸟的形象进一步丰满。

既然佛教吸收了金翅鸟信仰，那么就得在金翅鸟身上附着佛教因素，这方面佛教也是立足于《摩诃婆罗多》的故事情节。《佛说观佛三昧海经》卷一《六譬品》云：

> 复次父王，阎浮提中及四天下，有金翅鸟，名正音迦楼罗王，于诸鸟中快得自在，此鸟业报应食诸龙⑤。

这里只是说由于业报，金翅鸟应以龙为食物，但是并没有说明到底是什么样的业报，而在《摩诃婆罗多》中却讲得很清楚的。对此，佛教经典中缺

---

① （宋）绍德、慧询等译：《菩萨本生鬘论》卷三，《大正藏》第3册，第338页。

② （隋）阇那崛多等译：《起世经》卷七，《大正藏》第1册，第345页。

③ 同上。

④ （东晋）佛陀跋陀罗译：《佛说观佛三昧海经》卷一，《大正藏》第15册，第646页。

⑤ 同上。

乏描述，而只是极力宣扬金翅鸟和龙如何皈依佛教，护持佛法。《菩萨从兜述天降神母胎说广普经》里有个故事，讲金翅鸟到海中寻食诸龙，其时有一化身龙子奉持八关斋戒，金翅鸟衔此龙至须弥山待食，却寻觅尾巴不得。第二天龙子告诉金翅鸟，因为自己奉持八关斋戒，故此金翅鸟无法吃它。金翅鸟于是悔过自责，随龙子受了八关斋法，从此尽形寿不杀生①。《佛说海龙王经》则是把故事的主角定为世尊和金翅鸟。世尊护持龙族免于金翅鸟的食用，金翅鸟于是到世尊面前讨说法，却被佛祖感化：

> 尔时四金翅鸟王，各与千眷属俱而白佛言："今日吾等自归命佛及法众僧，自首悔过前所犯殃，奉持禁戒，从今日始常以无畏施一切龙，拥护正法，至佛法住，将顺道法到于灭尽，不违佛教。"②

像这类因缘在佛经中比比皆是。不管是跟随龙族受戒，抑或是受佛祖感化，总之金翅鸟是皈依了佛教，也不再食龙，鸟族（金翅鸟）和蛇族（龙）和谐共处。这无疑是对《摩诃婆罗多》故事的引申和阐发，更是佛教化的结果。于是金翅鸟成为佛教的护法神，位列天龙八部，常随佛祖左右，听闻佛法，护持佛教。《菩萨念佛三昧经》卷一《序品》云：

> 一切八部，天、龙、夜叉、乾闼婆王、阿修罗王、迦楼罗王、紧那罗王、摩睺罗伽，如是等众皆来集会，间无空缺③。

又《佛说佛名经》卷一云：

> 尔时世尊四众围绕，及天、龙、夜叉、乾闼婆、阿修罗、迦楼罗、紧那罗、摩睺罗、伽人非人等④。

---

① 参见（后秦）竺佛念译：《菩萨从兜述天降神母胎说广普经》卷七，《大正藏》第12册，第1050～1051页。

② （西晋）竺法护译：《佛说海龙王经》卷四，《大正藏》第15册，第151页。

③ （刘宋）功德直译：《菩萨念佛三昧经》卷一，《大正藏》第13册，第793页。

④ （元魏）菩提留支译：《佛说佛名经》卷一，《大正藏》第14册，第185页。

不止于此,《大方广佛华严经》卷三十五《宝王如来性起品》还云:

佛子,譬如金翅鸟王,飞行虚空,安住虚空,以清净眼观察大海龙王宫殿,奋勇猛力,以左右翅拨开海水,悉令两辟,知龙男女有命尽者,而撮取之。如来、应供、等正觉金翅鸟王亦复如是,安住无碍虚空之中,以清净眼观察法界诸宫殿中一切众生,若有善根已成熟者,奋勇猛十力、止观两翅,拨开生死大爱海水,随其所应出生死海,除灭一切妄想颠倒,安立如来无碍之行①。

可见这里的金翅鸟已经完全变成了拔苦救赎、护持佛法的保护神。当然,佛教也并没有完全改变《摩诃婆罗多》的故事构架,在很多地方也讲金翅鸟要食龙,不过佛教强调金翅鸟食龙是因为业报。如《四分律行事钞批》卷六云:

金翅鸟业报,唯食诸龙。初日于阎浮提日食一龙王及五百小龙;次日于弗婆提食一龙王及五百小龙;次复于西瞿耶尼食一龙王及五百小龙;第四日复雨郁单越食一龙王及五百小龙。如是周而复始②。

又《经律异相》卷四十八云:

金翅鸟王,名曰正音,于众羽族快乐自在,与阎浮提日食一龙王及五百小龙,于四天下更食,一日数亦如上,周而复始③。

综上,金翅鸟信仰被佛教吸收后,因为其大威德,成为佛教八部护法神之一,被注入了大量的佛教因子,断杀生、护佛法、沉爱欲、有寿命。

① (东晋)佛陀跋陀罗译:《大方广佛华严经》卷三十五,《大正藏》第9册,第626页。

② (唐)大觉撰:《四分律行事钞批》卷六,《卍新纂续藏经》第42册,第778页。

③ (梁)宝唱等集:《经律异相》卷四十八,《大正藏》第53册,第253页。

佛教继承了《摩诃婆罗多》里金翅鸟和蛇的故事，略加修改，成为宣扬因果报应观念的极好例子，传入中国后更是被众多文学作品引为素材。

第二节　中国的鸟崇拜

佛教传入中国，金翅鸟的形象逐渐与中国原有的鸟崇拜——凤凰和大鹏融合起来，由原来的印度形象变成了极具汉文化色彩的金色美丽大鸟（这也是“金翅鸟”这一翻译名称的由来）。总体上说，金翅鸟进入中国之后在外形和名称上逐渐“汉化”，吸收了汉地凤凰和大鹏的因素，而在内涵上则更多地保留了印度佛教元素。

和印度的金翅鸟崇拜一样，中国古代也盛行大鸟崇拜，对象也不止一种，燕子、朱雀、青鸟等都被崇拜过，而最常见的是凤凰和大鹏崇拜，中国人对这两种鸟都有着如印度人对迦楼罗一般的信奉程度。

（一）凤凰崇拜

凤凰是中国古代传说中的神鸟，是吉祥、太平的象征，至于它是否真的存在，又是什么样的，从古至今众说纷纭，至今无法定论。

被认为是研究龙凤“最引人注目的学者”① 何新先生在其著作《诸神的起源》一书中，认为凤凰如《说文》中所说的那样，是“鸟王”：

> 凤与凰分别是两种自然事物的生物化意象。凤是风神。而凰则是太阳鸟亦即所谓“火精”，是太阳的生命意象②。

> 凤和凰在神话中原本是两种不同的神鸟。后世通常将凤和凰解释为雌雄不同的同一种鸟③。

---

① 吴广平：《中国龙凤原型的破译》，《吉首大学学报》（社会科学版），1989 年第 3 期。

② 何新：《诸神的起源》，光明日报出版社，1996 年，第 107 页。

③ 同上书，第 106 页。

凤凰鸟本来是关于风神和太阳神的两种生物意象，而后来却也被附会转化为许多不同的生物①。

何新先生认为凤和凰分别是象征着风和太阳的两种神话传说，现实中是不存在的。但这种观点却被何新先生自己否定了："凤凰崇拜本起源于上古石器时代的鸵鸟——太阳神图腾"②。在这里，何新先生觉得以前的说法有失妥当，认为凤凰在历史上是确实存在过的，并且指出，历史上的凤凰其实就是我们现在所说的"鸵鸟"。此文一出，语惊四座。人们怎么也不能把鸵鸟与传说中的吉祥神鸟联系在一起，于是很多学者发文反驳。

吴广平先生批驳了何新先生的"凤凰鸵鸟说"，认为凤是鸟、禽等的共名："在我看来，燕子、山鸡、黄鹂、仙鹤、孔雀、锦鸡、孔雀雉等都是凤"③。不仅如此，吴广平先生还进一步指出："凤凰是太阳鸟，鸟与太阳在上古父系氏族社会就都是男性生殖器的象征。"④

除了吴先生之外，刘金荣先生也认为何新先生的说法不妥。刘先生认为：

> 鸵鸟既无高冠，也无丰满的羽毛，更无长长的尾羽，不会飞，尤其不具备凤凰尾羽上那目珠形纹饰这一区别性特征，因此，鸵鸟不可能是古人所说的凤凰就显而易见了⑤。

除了上述几家之外，也有学者持其他意见，此不赘述⑥。综上，尽管

---

① 何新：《诸神的起源》，光明日报出版社，1996年，第112页。

② 何新：《"凤凰"补说》，《河北学刊》，1988年第3期。

③ 吴广平：《中国龙凤原型的破译》，《吉首大学学报》（社会科学版），1989年第3期。

④ 同上。

⑤ 刘金荣：《凤凰鸵鸟说质疑》，《浙江社会科学》，2008年第7期。

⑥ 具体参见吴广平：《中国龙凤原型的破译》，《吉首大学学报》（社会科学版），1989年第3期；刘俊男：《龙凤文化源于南方的鸑雉崇拜》，《株洲师范高等专科学校学报》，1999年第2期。

众多学者反复争论，但也都是“公说公有理，婆说婆有理”，谁也说服不了谁。但凤凰在上古时代就被人们信仰、崇拜，这是不争的事实。

刘金荣先生将汉民族对凤凰的认识过程分为三个时期。第一个时期是《诗经》之前，这个时期的凤凰是现实中的鲜活的鸟；第二个时期是春秋战国时期，刘先生把这一时期称为“瑞鸟时代”；第三个时期是汉代以后，这个时期的凤凰演变成了神鸟①。不同的历史时期人们对凤凰的认识是不同的，对其信仰程度也有所不同。

关于凤凰的造型也有不同的说法，据《尔雅·释鸟》郭璞注，凤凰特征是：“鸡头、燕颔、蛇颈、龟背、鱼尾、五彩色、高六尺许。”但正如前面提到的，不同时期的人们对凤凰的认识是不同的，其造型自然也就不同。李含生先生将不同时期的凤凰造型作了归纳，认为在殷商时期，凤凰的“头部有一束拖至身后的羽毛，颇似插上孔雀尾的羽毛”②。在秦汉时期的时候，凤凰的造型发生了巨大的变化：

> 凤头如孔雀，凤足似鹤腿，凤羽如鳞状，凤尾长而上翘。整个造型比例匀称，气宇轩昂，神韵洒脱，真可谓神鸟③。

隋唐到宋元时期，凤凰的造型从雍容华贵发展到了苗条纤细，造型基本定型，大体上是：

> 头如锦鸡，冠似如意，啄似鹦鹉，身若鸳鸯，翅如大鹏，足似仙鹤，羽若孔雀。凤的各部寓有和谐、吉祥、长寿、大展宏图的涵义④。

综合以上，凤凰在造型上有如上述，是鸟中之王，是太阳神的代表，象征着吉祥如意、幸福美好、和谐太平。

---

① 参见刘金荣：《凤凰鸵鸟说质疑》，《浙江社会科学》，2008年第7期。

② 李含生、李春玲：《中国龙凤文化比较研究》，《云南民族学院学报》（哲学社会科学版），2003年1月第1期。

③ 同上。

④ 同上。

（二）大鹏崇拜

大鹏崇拜源自庄子的《逍遥游》，在《庄子·逍遥游》中，庄子描绘了一只巨大无比的鸟：

> 北冥有鱼，其名为鲲。鲲之大，不知其几千里也。化而为鸟，其名为鹏。鹏之背，不知其几千里也。怒而飞，其翼若垂天之云，是鸟也，海运则将徙于南冥，南冥者，天池也。《齐谐》者，志怪者也。《谐》之言曰："鹏之徙于南冥也，水击三千里，抟扶摇而上者九万里，去以六月息者也。"①

庄子在这里所描绘的大鸟，叫鲲鹏，体形极其巨大。鹏之背有几千里宽，翅膀展开就像天上的云一般，从水里起飞的时候，翅膀拍击水面激起的浪花有三千里宽，它乘风而上，能飞到九万里的高空。如此巨大的一只鸟，不禁让人想起传说中的凤凰神鸟。事实上，很多学者也认为，庄子这里所说的大鹏其实就是凤凰②。但是大鹏与凤凰无论是在造型上还是能力上都有着巨大的不同。

正如凤凰一样，庄子所描述的大鹏到底是否真的存在，也成为一个众说纷纭的问题。从古至今，大部分的人都认为庄子在这里描述的只是一个幻想的东西。而何新先生对于这个问题也是见解新颖，他认为：

> 渤海古代称北海，亦即北溟。据史籍记载，渤海秦汉以前多见海鲸。鲸体形极大，可长达30米（是现存最大动物），所以庄子所说的鲲鹏，并非完全是寓言，而是指渤海的海鲸③。

---

① （春秋战国）庄周撰，（晋）郭象注：《庄子》南华真经卷第一，四部丛刊景明世德堂刊本。

② 李生龙：《〈庄子·逍遥游〉中大鹏形象及其主旨》，《中国文学研究》，1989年第1期。

③ 何新：《"凤凰"补说》，《河北学刊》，1988年第3期。

按何新先生的理解，庄子所说的大鹏由鲲变成，这个鲲指的就是渤海里的鲸，或许庄子正是由渤海中的鲸联想到了大鹏，于是从鲸演变出了大鹏也未可知。因此，庄子所说的“鲲鹏”，鲲是实有（鲸），而鹏是想象的产物。

不管大鹏是否真的存在，如此巨大的一只鸟，人们很自然地会把它和凤凰放在一起比较。事实上，人们赋予凤凰和大鹏的意义是完全不同的。归纳起来，首先，凤凰是吉祥、太平的象征，而大鹏没有这种象征意义；其次，从造型上来看，凤凰周身有着五彩的色泽，有着孔雀般美丽的尾羽，是美丽的“代言人”，而大鹏没有如此动人的颜色，如此长而美的尾羽，但却有着宽大有力的翅膀，有着“水击三千里”的力量，因此是力量与勇猛的象征；第三，凤凰享受到人们普遍的崇拜，在造像、旗幡等上面都有凤凰的形象，而对大鹏的崇拜没有达到这种程度，人们一般只是用它代称比较大的鸟。

由此我们看到，在外形上金翅鸟、凤凰和大鹏三者之间都存在着一定的相似性。更确切地说，应该是金翅鸟综合了凤凰和大鹏的特点，长着如凤凰一样美丽的五彩羽毛，拥有如大鹏一样宽大有力的翅膀（应该是比大鹏更宽大有力）。而在内涵方面，应该说三者各有特点，凤凰是吉祥和太平的象征，大鹏是力量和勇猛的代表，而金翅鸟却具有双面性格，一方面护持佛法，是正义和威德的象征，另一方面却嫉恶如仇，有嗜杀成性的残暴因子。

第三节　金翅鸟和中国鸟崇拜的融合

这三者的相似性不能不让人有所联想，甚至拿金翅鸟比附凤凰，认大鹏为金翅鸟。事实上这样的比附并不是偶然为之，而是在佛教传入中国之际的一种思潮，这就是“格义”。根据梁代慧皎所撰《高僧传》的记载说：

法雅，河间人，凝正有器度。少善外学，长通佛义。衣冠士子咸附谘禀。时依门徒，并世典有功，未善佛理。雅乃与康法朗等以经中事数拟配外书，为生解之例，谓之格义。及毗浮、昙相等，亦辩格义以训门徒①。

按照任继愈先生《中国佛教史》的解释：

> 此所谓“经中事数”，即佛经中的事项、教义和概念（因佛教的概念往往冠之以数字，如五阴、四谛、八正道等，故常略称为“数”）。“拟配外书”，即运用为中土人士易于理解的儒家、道家等的名词、概念和思想，去比附和解释佛教的名词、概念和义理。例如把“真如”译为“本无”，“涅槃”译为“无为”，“禅定”译为“守一”，以及把“五戒”称为“五常”等等，并进行相应的解释，皆为“格义”②。

任继愈先生还特别提到：

> 至于道安等人在所写的经序等著述中用老庄玄学语言论释佛教教义，也是“格义”③。

因此，所谓“格义”，简单地说，就是用中国原有的东西，不管是儒家、道家观念，还是中国人所熟悉的事物去解释佛教的教理教义。这里需要特别注意的是任继愈先生所特别提到的，用老庄玄学语言解释佛教教义也是“格义”。

金翅鸟这一神灵传入中国后，也被中国人用格义的方式加以了比附。正如陈寅恪先生所说的那样：“寅恪尝谓外来之故事名词，比附于本国人

---

① （梁）慧皎撰：《竺法雅传》，《高僧传》卷四，《大正藏》第50册，第347页。

② 任继愈：《中国佛教史》第二卷，北京：中国社会科学出版社，1985年，第201页。

③ 同上。

物事实，有似通天老狐，醉则见尾。”① 那么金翅鸟传到中国之后，和凤凰以及大鹏互相比附就是很自然的事情了。而事实上，“格义”之法并非自竺法雅始。《出三藏记集》载：

昔汉室中兴，孝明之世，无尽之照，始得挥光此坏。于二五之照，当是像法之初。自尔已来，西域名人安侯之徒，相继而至，大化文言渐得渊照，边俗陶其鄙倍。汉末魏初，广陵彭城二相出家，并能任持大照，寻味之贤始有讲次，而恢之以裕（应为“格”）义，迂之以配说②。

按此，在佛教传入中国之际，不仅仅在翻译佛经的时候用“格义”之法，僧人们在演说佛法的时候也用“格义”。当时佛教宣讲的方式是印度僧人或西域僧人（当时汉地出家人很少）随经讲义，听众有不懂的就提问，再由讲经者解答。为了方便大家的理解，讲经者或听众就以中国的某某事物来比附经文中的内容。也就是说，不仅仅是竺法雅，估计当时的很多人都用这种方法来演说佛法和翻译佛经。竺法护在《佛说文殊师利现宝藏经》卷一就云：

吾答曰：“雀以蠹虫，比金翅鸟凤凰王，至于二者不可相方，金翅鸟王一举无数我身，譬如蠹虫雀耳，神力相超其犹如是。”③

而僧伽婆罗《解脱道论》卷九《五通品》中则有：“我当成童子形，如是作意成童子形，如是龙形、凤凰形、夜叉形、阿修罗形。”④ 作者把凤

---

① 陈寅恪：《三国志曹冲华佗传与佛教故事》，《寒柳堂集》，上海：三联书店，2001年，第180页。

② （梁）僧佑撰：《出三藏记集》卷五，《大正藏》第55册，第41页。

③ （西晋）竺法护译：《佛说文殊师利现宝藏经》卷一，《大正藏》第14册，第457页。

④ （梁）优波底沙造，僧伽婆罗译：《解脱道论》卷九，《大正藏》第32册，第442页。

凰和龙、夜叉、阿修罗等并列，很显然是把金翅鸟翻译成了凤凰。吉藏在《法华义疏》卷一《序品》中更直接说："迦楼罗者，此云金翅鸟，以其翅头即有金色故以为名，《海龙王经》翻为凤凰。"①《海龙王经》即《佛说海龙王经》，翻译者是竺法护。可见，从佛教传入到两晋时期，为了让大家能接受金翅鸟，大家不约而同地都把它翻译成了凤凰。

由于受到鸠摩罗什和道安等人的批评，同时随着人们对佛教的了解越来越深，"格义"之法渐渐被废弃。尽管如此，后来的人仍然沿用这种方法来解释金翅鸟。隋天台智者大师就说：

> 次列四迦楼罗，此云金翅。翅翮金色居四天下大树上，两翅相去三百三十六万里。有人言《庄子》呼为鹏，鹏行众鸟翼之，亦称为凤凰。私谓凤不践生草啖竹实栖乳桐②。

虽然智者大师认为凤凰是栖息在梧桐树上，故并不认同大鹏和凤凰就是金翅鸟，但是很显然当时大多数人是这么认为的。他们认为庄子把金翅鸟称为鹏，而鹏也就是凤凰。无疑智者大师是正确的，庄子之时佛教并没有传入中国，故不可能有金翅鸟一说，更不可能有庄子呼"金翅鸟"为"鹏"之举。《法苑珠林》卷六中也说：

> 如《菩萨处胎经》云："第一大鸟不过金翅鸟，头尾相去八千由旬，高下亦尔。若其飞时，从一须弥至一须弥，终不中止。"……第三鱼身者不过摩竭大鱼。如四分律说："摩竭大鱼，身长或三百由旬四百由旬，乃至极大者，长七百由旬。"故阿含经云："眼如日月，鼻如大山，口如赤谷。"若依俗书，庄周说云："有大鹏，其形极大。鸿鹏之背不知其几千里，将欲飞时，击水三千里，翼若垂天之云，抟扶摇而上，去地九万，方乃得逝。要从北溟至于南溟，一飞六月，终不

---

① （隋）吉藏撰：《法华义疏》卷一，《大正藏》第34册，第465页～第466页。

② （隋）智顗：《妙法莲华经文句》卷二，《大正藏》第34册，第25页。

中息。”此当内典小金翅鸟，俗情不测，谓言别有大鹏之鸟①。

作者认为庄子所说的大鹏实际上是佛经中的小金翅鸟，很多人不知道，却认为除了金翅鸟之外还有所谓大鹏。值得一提的是，这里提到最大的一种摩竭大鱼，人们在“格义”的时候，很有可能把金翅鸟和摩竭大鱼一起比附大鹏：最大的鸟和最大的鱼，两者结合起来正好是庄子的鲲鹏。这或许也正是之前何新先生认为海鲸就是庄子所说的大鹏之原因所在。

由于经常混用金翅鸟和大鹏，至明清时期，大家索性发明出一个新词（当然也标志着一个语言学意义上的新物种的诞生），这就是“大鹏金翅鸟”。如《云栖法汇（选录）（第12卷一第25卷）》卷十九云：“不见道，若是大鹏金翅鸟，奋迅百千由旬，蹑影神驹，驰骤四方八极。”② 再如《五灯全书》卷一一零云：“大鹏金翅鸟，直取龙吞，也是饥不择食。”③ 再如《樱宁静禅师语录》卷二云：“如大鹏金翅鸟，劈海吞龙，毫无隔碍。”④ 甚至有专门解释迦楼罗一词：“又梵书迦楼罗，此言大鹏金翅鸟。”⑤

综上，从佛经翻译的角度上来说，作为一个外来神灵，金翅鸟从进入中国始就一直面对怎样在这片异国他乡的土地上落脚的问题。通过“格义”，比附凤凰和大鹏，到最终融合成一个全新的概念——大鹏金翅鸟，佛教走过的这条路不算容易，历经千年。

第四节　艺术中的金翅鸟形象

与金翅鸟在佛经翻译上的名称变化相对应，在中国众多的佛教石窟壁

① （唐）道世撰：《法苑珠林》卷六，《大正藏》第53册，第318页。

② （明）袾宏撰：《云栖法汇（选录）（第12卷一第25卷）》卷十九，《嘉兴藏》第33册，第120页。

③ （清）超永编集：《五灯全书》卷一一零，《卍新纂续藏经》第82册，第680页。

④ （清）智静说，德亮等编，德峨等录：《樱宁静禅师语录》卷二，《嘉兴藏》第33册，第498页。

⑤ （明）张自烈撰：《正字通》卷十二，清康熙二十四年清畏堂刻本。

画中、寺庙塔刹上也出现了金翅鸟的造型。这些金翅鸟以其在不同时期呈现的或印度或中国的不同造型风格，向我们讲述了一段佛教在中国的融入史。

（一）石窟壁画中的金翅鸟

中国的佛教石窟比较多，敦煌石窟、库车石窟、云冈石窟、麦积山石窟等都是非常庞大、内容非常丰富的石窟，这些石窟中都存有金翅鸟的壁画造像。除此之外，一些零星的石窟中也有金翅鸟的造像。这些石窟里的金翅鸟造型，因所在地区的不同而风格略有不同，既有具印度风格的，也有具中国元素的。

印度的佛教造像艺术大约兴起于1世纪（迦腻色伽王时期），而中国自古就有造像的传统，佛教传入前就有很多关于人物、雀鸟等的造像。佛教在两汉之际传入中国时，中国人就开始建造佛像，如楚王刘英在封地建立大规模的浮屠祠，里面很可能就供奉了佛教的神灵造像。考古学家在楚王封地也出土了一大批汉代画像石，内容大多是关于白象、莲花和佛菩萨等佛教题材。因此可以说，中国的佛教造像与印度的佛教造像是几乎同时的。既是这样，中国佛教造像的风格取向很可能和佛经翻译一样是采用了“格义”，即用本土的造像艺术风格来表现印度佛教题材。这种情况在同处新疆一地的敦煌石窟和库车石窟两处得到了印证。

汪泛舟先生的《敦煌石窟龙凤与库车石窟蛇金翅鸟图像异源考》一文，专门就印度的金翅鸟和蛇与中国的龙和凤进行了对比研究。汪泛舟先生注意到，敦煌石窟中的护法神造像是龙和凤，而往西据此不远的库车（故龟兹）石窟里相同题材的造像却是蛇和金翅鸟。汪泛舟先生认为，之所以出现这种情况，是因为敦煌石窟受到中原文化的影响，而库车石窟受到印度文化的影响。汪泛舟先生论述说：

> 佛教世界里的八部神众的龙和迦楼罗，其本来的图象则为蛇和金翅鸟。但是，一当印度佛教传入中原和敦煌并与华夏文化相融合，便从内容到形式都发生了变化：不仅中原和敦煌石窟佛寺完全汉化，而且护法神众的蛇与金翅鸟也被中国人民所喜爱和崇拜的龙、凤图象所

取代①。

正如汪泛舟先生所说，佛教传入中国之后，其内容和形式确实发生了很大变化，用汪泛舟先生的话说是“汉化”了，金翅鸟被凤凰取代，蛇被龙代替。这种变化不仅仅是如佛经翻译上的名称变化，更是内在含义的衍化。金翅鸟是佛教护法神，勇猛威武，但生性暴孽，嗜杀成性；蛇在中国是丑陋、邪恶的代言，这两样东西出现在佛教中，充当佛教的保护神，是当时的中国人所不能接受的。而本土的龙和凤则都是祥瑞的象征，两者之间又存在极大的相似性，一如前述，再加上这时期佛经翻译上本就有“格义”之法，故用后者取代前者是很自然的事情。但在取代的过程当中，不可能只是一边取代另一边而自己不受影响，事实上，两者之间是互相影响的。故此，一边是凤凰的形象受到金翅鸟的影响，“而凤也由鸟兽综合物突出为金色长尾的雉鸡状的图象”②。另一边金翅鸟这一形象也受到凤凰影响，即使是在库车石窟中的金翅鸟，其形象也与印度时候的形象不同，“而金翅鸟的图象，又皆为五彩的鹞与花喜鹊般的形式。”③ 但需要说明的是，不管是库车石窟中的金翅鸟，还是敦煌石窟中的凤凰，两者既然出现在佛教题材的壁画中，其用意是非常明显的，即充当佛教护法神，护佑佛法。

值得指出的是上述两个石窟并不是一时开凿绘制的，下延到唐宋时期都还有新的洞窟和壁画出现。如库车石窟中的克孜尔石窟第 118 窟绘有双蛇和双金翅鸟，库木吐拉石窟中的第 23 窟绘有一金翅鸟口衔一蛇。这些都是唐宋时期的作品。

开凿于公元五世纪的云冈石窟中同样也有大量的金翅鸟造型。这些金翅鸟主要分布在塔顶、门拱两侧以及神龛上，其中尤以后者居多。云冈石

① 汪泛舟：《敦煌石窟龙凤与库车石窟蛇金翅鸟图像异源考》，《敦煌研究》，1996 年第 1 期。

② 同上。

③ 同上。

窟中的第6、9、10、12、13窟中的金翅鸟为最多，最具代表。① 神龛顶的金翅鸟五官似人，头戴菩萨宝冠，配有头光，俨然已经是一位菩萨。门拱两侧的金翅鸟威武有力，也配有头光，护卫功能十分明显。此外，在屋脊上也有金翅鸟，他被安排与鸱尾一起。鸱尾的职能是喷水镇火，以防天灾，那么金翅鸟的功能也应该是和鸱尾一样的。可见随着人们对佛教理解的加深，一方面，金翅鸟的内涵（职能）增加了，由护持佛法到护佑众生，另一方面原来那种简单地用凤凰取代金翅鸟的情况也越来越少，佛教因素逐渐突出。需要注意的是，这后一点和佛经翻译中“格义”之法被渐渐弃用的情况是一致的。

除了上述有名的石窟之外，其他地方也有金翅鸟造像出现。同样是在新疆，1904年德国学者勒寇克等人对新疆吐鲁番进行了考察，后来写了一篇考察报告——《普鲁士皇家第一次（即德国第二次）新疆吐鲁番考察队的缘起、行程和收获》。勒寇克详细地叙述了他们此次考察的情况，其中在胜金口这个地方，他们发现了一批壁画。勒寇克先生是这样描述的：

> 右面的墙壁上绘制着一幅壁画，壁画内是魔鬼、人、狗和两只金翅鸟大战的场面。其中一只金翅鸟已中箭受伤，爪中抓着的小孩子正从空中坠下；另一只绘在最显眼的位置的金翅鸟，已经被套索捉住，正受到狗和相貌丑陋的魔鬼攻击（这种场景实际上也形成了另一幅风格迥异的壁画的主题）。在四个角落分别绘四大天王，面目威严，身着铠甲，后面跟着随从，既有人，也有魔鬼②。

作者认为这些壁画出现于9世纪，具有回鹘风格。这样的话，这幅画就应该这样来理解：这里的金翅鸟是一种邪恶的动物，整幅画反映的是打猎的场景（旁边还有一幅画，画的正是贵族出猎的场景，很有可能这两幅画分别反映的是天人和人间打猎的场景）。这与当时汉地所理解的金翅鸟

---

① 参见王恒：《论云冈石窟中瓦顶建筑式样的表现特征及其影响》，《敦煌研究》（兰州），2000年第4期，第45~57页。

② 勒寇克：《普鲁士皇家第一次（即德国第二次）新疆吐鲁番考察队的缘起、行程和收获》，《敦煌研究》，1999年第3期，第119~130页。

很显然是不同的。

西藏地区也有关于金翅鸟的壁画。在阿里地区，考古学家发现了古格时期的金翅鸟壁画：

> 最典型的例证为北壁（即新堂的正壁）所绘壁画。在此壁上层正中位置绘制的释迦牟尼像身披袒右袈裟，手结转法轮印，台座的式样为背龛式，顶部饰大鹏金翅鸟，拱形顶的两边平台上分别站立着迦陵频迦鸟①。

> 古格红殿壁画二十一尊大像的台座和“六灵”法座的图纹装饰具有极高的审美性。台座中迦楼罗（大鹏）、龙、摩羯、美少年、麒麟、象、力士、狮、孔雀、珠宝和莲花、卷草花蔓巧妙的变形设计，极富创意的穿插组合，夸张变形所提练的形式美，风韵独到的色彩描绘和精细的线条勾勒，形成了多样统一、变化绝妙、至精至美的高格调的装饰效果②。

古格时期比回鹘晚了整整两三个世纪，其对佛教的理解也远在回鹘之上，应该说古格壁画中的金翅鸟与回鹘壁画中的金翅鸟是完全不同的，其表达的意向倒是和汉地一致，金翅鸟是护佑正法的佛教保护神。

（二）寺塔上的金翅鸟

云南地区也有金翅鸟的造像，并且颇具特色。1978 年考古学家在云南大理崇圣寺发现了一件制作精美的银鎏金嵌珠“金翅鸟”立像，属南诏大理国时期的遗物。此金翅鸟头似鹰首、佩戴羽冠、瞠目怒视、喙爪锋利、展翅欲飞，双足立于一莲座上，羽毛呈火焰状。此一艺术珍品不仅显示出大理高超的工艺技术，更反映出当时人们对金翅鸟的崇拜，这一点在与此

---

① 霍巍：《西藏西部佛教石窟壁画中的波罗艺术风格》，《考古与文物》，2005 年第 4 期，第 73～80 页。

② 康·格桑益希：《阿里古格佛教壁画的艺术特色》，《西藏研究》，2001 年第 4 期，第 101～108 页。

同时修建的东西寺塔的金翅鸟的设置上得到证明。按谢肇淛《滇略》云：

弘圣寺，一名“一塔寺”在大理城西。其北有崇圣寺，亦曰“三塔寺”，皆胜地也。弘圣有塔高二十余丈，十有六级，相传周时阿育王所造塔也。其上有阁，扆苍山，面洱河，原野雉堞皆在指顾之中。左有诸葛武侯祠及杨慎所摹禹碑。崇圣三塔中者高三百丈，外方而内空，其二差小各错金为金翅鸟立其上，以压龙也。不知何始，塔顶有铁铸，款识云：“贞观六年尉迟敬德监造。”①

现在东西寺塔塔顶四周的四个塔脊上，分别站立着四只金翅鸟，睁目远眺，振翅欲飞，应该就是谢肇淛所说的错金而成的金翅鸟了。云南自古多水患，人们在修建三塔的时候把也铸造了金翅鸟的造像，不仅放进了寺塔内部，而且让它们矗立在塔刹上，其目的正如谢肇淛所说，是希望它们能镇住龙王，永除水患。应该说由于是设在寺塔之上，这里的金翅鸟的功能就不仅仅是镇龙，除水患，也有镇邪魔、镇妖怪、镇天灾、护佛法，并保佑此地百姓（甚至天下苍生）安宁的功能。

上面提到的金翅鸟大多是作为单独的个体出现在壁画里，其实也有整个天龙八部作为一个整体而出现在壁画里的：

现存天龙八部群像遗迹，主要集中于四川石窟如广元、巴中、成都浦江飞仙阁、安岳等处②。

因为这些地方的壁画出现的时间比较晚，故此八部天龙的造型主要是以人像来呈现。其中，金翅鸟形象是在人物像的面部绘上鸟嘴或头戴鸟冠以示区别。

（三）佛经中的金翅鸟画像

除了在壁画中出现天龙八部像，僧人写经、抄经完毕往往也会在经卷

① （明）谢肇淛撰：《滇略》卷二，清文渊阁四库全书。

② 陈悦新：《川北石窟中的天龙八部群像》，《华夏考古》，2007年第4期。

上画天龙八部以示护持。紫陌真可就曾在经典上绘了一幅天龙八部，其《经龛画八部神记》云："万历辛卯，余写法华、楞严二经毕，龛上当绘八部真形，藉其威神以御不祥，使护持二经。"① 可以推想，当时人们在写经完毕后绘制八部天龙来护持经书的情况是比较多见的。佛教传入中国后，除了通过讲经说法来宣扬佛理之外，文人画家更是将佛教故事通过绘画的形式展示出来，叫做"经变"，在寺庙里可以经常见到这种碧变相。我国画经变的画家有很多，其中也有以专门画某种经变著称的。《画史会要》卷一载：

> 李生，失名，亦吴弟子，善画地狱佛像，有类于吴而稍劣……杨庭光，与吴同时，佛像经变，杂画山水极妙；卢稜伽，吴弟子也，画迹似吴但才力有限，经变佛事是其所长。"②

《图绘宝鉴》补遗云：

> 杜宗，河南人，工佛经变……卢珍，为内供奉，工人物及佛经变……江惟清，工佛道人马；李象坤，工佛道人马鬼神。"③

尽管大部分的经变现在已经无存，但我们可以想象，这些作品中显然是有关于金翅鸟的，如刚才提到的紫陌真可在经龛上绘制的八部天龙，实际上也是别人送给他的华严经变。

① （明）释真可撰：《紫柏老人集》卷七，明天启七年释三炬刻本。
② （明）朱谋垔撰：《画史会要》，清文渊阁四库全书本。
③ （元）夏文彦撰：《图绘宝鉴》，元至正刻本。

第三章　世俗社会中的金翅鸟崇拜

佛教传入之初，主要的宣传对象是上层贵族，信众也主要出于这个阶层，如之前提到的楚王刘英和早期出家的僧人大都是贵族。对于信奉和供养佛教，甚至出家为僧这样的事情，普通百姓是无法办到的：

> 中国封建社会历时甚久，佛教传入的时间，当在西汉末年、东汉初年，当时封建豪强地主当权，以后的察举制度为豪强地主相互援引，相互勾结，形成盘根错节的封建贵族时代拥有特权的权势集团。……在宫廷帝王及贵族们的特权垄断之下，神仙长生，祠祀求福，也是一种奢侈的精神享受特权，一般老百姓办不到①。

但是随着佛教的深入发展，普通百姓也越来越多地了解佛教、信奉佛教、专研佛理，甚至出家为僧，佛教的影响逐渐超出了教团的界限，扩展到民间社会。人们定期去寺庙朝拜，开始习惯使用佛教用语，甚至开始用佛教观念思考问题，佛教逐渐影响到中国社会的方方面面，民间对金翅鸟的崇拜就是一个很好的例子。

---

① 任继愈：《中国佛教史》（第一卷）序言，北京：中国社会科学出版社，1985年，第9页。

第一节　民间的金翅鸟崇拜

金翅鸟由于其嫉恶如仇、勇猛无敌而又嗜杀成性的性格而受到民间的广泛崇拜，能拥有金翅鸟一样的本领，对于有抱负的人来说，愿望尤其强烈。宣称金翅鸟转世，或者通过托梦预示是人们常用的手段，即便不能这样，至少也要给自己取一个金翅鸟（或迦楼罗）的名号，以壮声威。按《梦林玄解》卷二十《梦占》"金翅鸟吉"条云：

> 占曰："金翅鸟，鹏属，梦此者为贵显之征，文人名杨宇宙，武士威震华夷，应举梦之，当大魁天下，生子梦之必高出人间。"①

故此，天下父母都希望自己能梦见金翅鸟。托梦之事，如《南齐书》载：

> 南郡王子夏，字云广，世祖第二十三子也。上春秋高，子夏最幼，宠爱过诸子。初，世祖梦金翅鸟下殿庭，搏食小龙无数，乃飞上天②。

这里，子夏被附以金翅鸟转世的神话，包含着世祖对他的几多期许，世祖希望子夏能像金翅鸟一样威猛神勇，像金翅鸟搏食小龙一样勇猛杀敌。只是天不遂人愿，子夏年仅七岁就被诛杀。再如《华林寺开山碑记》载：

> 前明嘉靖间，慧坚老宿悬记云："一百单人年当有大善知识在此

① （宋）邵雍辑：《梦林玄解》卷二十，明崇祯刻本。

② （梁）萧子显撰：《南齐书》卷四十，列传第二十一《武十七王传》附《南郡王传》。

建立法幢。"崇祯初季，我师宗符老人由漳州行脚入粤路出西來。先一夕庵主梦金翅鸟翱翔空际，光烛菲茨。及见师，大奇之，愿布坐具地为建道场①。

这里高僧也被看作是金翅鸟的转世，金翅鸟驻锡，必然预示着此地法席大盛、法脉永续。

有关金翅鸟转世最有名的，是《说岳全传》里关于岳飞为大鹏金翅鸟转世的传说。岳飞在世上偿还冤债后回到大雷音寺：

佛爷道："善哉善哉，大鹏久证菩提，忽生嗔念，以致堕落尘凡受诸苦恼，今试回头英雄何在?"岳飞听了猛然惊悟，随佛前打个稽首，就地一滚变作一只大鹏金翅鸟，哄的一声飞上佛顶②。

相同的情况还有《说唐全传》，这里把李元霸也说成是上界金翅鸟转世：

只见右队旗开闪出李元霸，头戴一顶束发乌金冠，两根短翅雉毛，身穿一副铁水穿成宝甲，坐下一匹追风白点万里龙驹马，手执两柄八百斤重的铁锤，按上界大鹏金翅鸟临凡，立在右边③。

取名号之事，如《旧唐书》载：

朱粲者，亳州城父人也。初为县佐史。大业末，从军讨长白山贼，遂聚结为群盗，号"可达寒贼"，自称迦楼罗王，众至十余万。引军渡淮，屠竟陵、沔阳，后转掠山南，郡县不能守，所至杀戮，噍类无遗④。

---

① （清）郑棻编：《南海县志》（宣统）卷十三，清宣统二年刊本。

② （清）钱彩撰：《说岳全传》卷二十，清锦春堂刊本。

③ （清）鸳湖渔叟撰：《说唐全传》第三十四回，清乾隆刊本。

④ （后晋）刘昫撰：《旧唐书》卷五十六，列传第六《李子通传》附《硃粲传》。

生性如此残暴的盗贼，自号为迦楼罗王，比之金翅鸟的嗜杀真是有过之而无不及。再如《豆棚闲话》载：

> 四下起了营头枝派，虽不记清那名字，绰号也还省得，如大傻子刘通、王老虎王国权……金翅鸟王国曜、曹操罗汝才、九条龙郭大成①。

如此乌合之众却也知道要取一个响当当的名字，以至别人都几乎忘了他们的名字时，却也还记得这些名号。还如《海城县志》(民国)载：

> 大同元年秋，驻扎，王司令军队奉令开拔，防务空虚，股匪金翅鸟等，遂于八月十五日乘机侵入，恣意掠抢，绑去人票数十名，全城秩序大乱②。

不管这名号是这伙匪徒自己号称的还是别人加的，都显示出这群土匪的凶狠残暴。

从上可以看出，这些以金翅鸟比附的人，其价值取向是有差别的，有希望像金翅鸟那样凶狠嗜杀，也有希望如金翅鸟那般勇猛无畏、护持佛法，这也显示出金翅鸟的双面性格。

除了用金翅鸟比附之外，中国民间对于那些很稀奇的东西，往往弄不清其来龙去脉，于是也把它们和金翅鸟扯上关系。如《纬略》云：

> 木难，曹植乐府诗曰："明珠交玉体，珊瑚间木难。"《广志》曰："木难，珠黄色，生东夷。"《南越志》曰："木难，金翅鸟口结沫所成，碧色珠也，大秦土人珍之。"③

---

① (清)艾衲居士撰：《豆棚闲话》，清康熙翰海楼刊本。

② (民国)陈荫翘编：《海城县志》(民国)卷二，1937年铅印本。

③ (宋)高似孙撰：《纬略》卷八，清守山阁丛书本。

“木难”是一种宝珠，人们不知道其由来，联想到燕子用唾液筑巢，燕窝更是名贵的药材，而既然金翅鸟来自异国，又是神通广大的神鸟，那么认为其能唾液成珠也是很正常的。由此，归于金翅鸟名下的宝珠就不止“木难”了。《鸦鹘石》载：“祖母绿，色碧，日耀则一室掩映。或云坐草女人握之易产，云是金翅鸟所成出。”① 同样是名贵宝石的祖母绿也被认为是金翅鸟所产了。还有如《酉阳杂俎》卷十九载：“五德芝如车马，菌芝如楼，凡学道三十年不倦，天下金翅鸟衔芝至。”② 把金翅鸟和灵芝之类的联系起来。此外琉璃也和金翅鸟有关，《玉芝堂谈荟》云：

琉璃出须弥山，青色，火不能销，惟鬼神有道力者能破之。又云是金翅鸟壳，今世珠玉犀象珍用之物不殊于古，而琉璃车渠绝响，不知其故何也③。

这里认为琉璃是出自须弥山，坚硬无比，又认为是金翅鸟的壳。按《佛说观佛三昧海经》卷一《六譬品》云：

（金翅鸟）其命终已，以其毒故，令十宝山同时火起。尔时难陀龙王惧烧此山，即大降雨澍如车轴，鸟肉散尽惟有心在。其心直下如前七返，然后还住金刚山顶。难陀龙王取此鸟心以为明珠，转轮王得为如意珠④。

金翅鸟死后，其心变为如意宝珠，估计这就是关于琉璃是金翅鸟之壳的认识源头吧。还有更荒诞的，如：

嘉靖中，海上曾坠一大鹏鸟毛，万元献亲见在某郡库中，毛以久

① （明）徐应秋撰：《玉芝堂谈荟》卷二十七，清文渊阁四库全书本。
② （唐）段成式撰：《酉阳杂俎》卷十九，四部丛刊景明本。
③ （明）徐应秋撰：《玉芝堂谈荟》卷二十七，清文渊阁四库全书本。
④ （东晋）佛陀跋陀罗译：《佛说观佛三昧海经》卷一，《大正藏》第15册，第646页。

尽，独见孔横置在地，入之无碍。又林尚书瀚于内库见大鹏翅一枝，长丈许，管中可容两人坐，公自作记①。

先不论其言是否属实，单说其形容大鹏鸟的羽毛管大可容两人坐，实际上是把佛教中的金翅鸟（或者庄子所说的大鹏）实物化的结果。再如《公余杂志》：“鹏精溢出，堕石上者曰石锸，浸酒服之，能壮阳，可御百女。”② 如此传说，更显荒诞不经了。

第二节 文学中的金翅鸟形象

佛教对中国文化的影响，其中一个主要的方面就是文学。受佛经的影响，中国文学的想象力、语言表达、文章构思都深深烙上佛教的印子，文人纷纷从佛教里面吸取素材，金翅鸟即是素材之一。

（一）戏剧中的金翅鸟

其实早在印度时期，就有文学家把金翅鸟的故事写成文字，广为流传，并影响到中国。戒日王“是一位在政治上有所建树，文学上有很大成就的人”③。他不仅建立了印度历史上有名的戒日王朝，在文学方面也留下了浓墨重彩的一笔：

戒日王有《珠璎记》、《龙喜记》和《钟情记》三部剧作，在印度梵剧史上有着特殊的价值和突出的色彩④。

① （明）徐应秋撰：《玉芝堂谈荟》卷三十五，清文渊阁四库全书本。

② （清）方旭撰：《虫荟》卷一，清光绪刻本。

③ 孙全寿：《藏族翻译文学作品〈龙喜记〉简介》，《西北民族学院学报》（社科版），1987年第4期。

④ 刘志群：《中国藏戏与印度梵剧的比较研究》，《民族艺术》，1996年第2期。

而这其中，“一般公认，《龙喜记》是三部戏剧作品中的佼佼者”。① 关于《龙喜记》的创作，唐代义净还曾专门记载了此事：

> 又戒日王取乘云菩萨以身代龙之事，辑为歌咏，奏谐弦管，令人作乐，舞之蹈之，流布于代②。

《龙喜记》讲述的是这样的故事：持明国的云乘王子看到被金翅鸟吃掉了的龙的残骸，心生怜悯，毅然诀别了心爱的马拉雅渐玛公主，用自己的血肉之躯供饲金翅鸟，金翅鸟最终被感化。

《龙喜记》改编自佛教本生故事，主角并不是金翅鸟，但是金翅鸟在这则故事里是充当了非常重要的角色。在佛经故事里，金翅鸟尽管皈依了佛教，但是仍然以龙为食，最后毒发身亡（也有些佛经记载说金翅鸟经龙王感化，皈依佛法，永不相犯的，如前面提到的《菩萨处胎经》等）。而在这里，作者对此进行了改编：金翅鸟受到云乘王子的教育，自感罪孽深重，不仅请求帝释天救活了云乘王子，而且让以前被自己食掉的龙恢复了生命。金翅鸟向云乘王子发誓，以后再也不食鸟类：

> 我在迷惘无知的沉睡中被你惊醒，我发誓从今后不杀害任何生命。从今后，任群龙像沙岛似地踡舒着肢体，任群龙像旋窝似地蟠绕着肢体，任群龙联翩两岸如长堤，在大洋深处遨游欢喜③。

通过整个故事，我们看到：

> 作者把主人公云乘王子塑造成一个崇信佛教、仁慈和善、重孝

---

① 孙全寿：《藏族翻译文学作品〈龙喜记〉简介》，《西北民族学院学报》（社科版），1987年第4期。

② （唐）义净原著，王邦维校注：《南海寄归内法传校注》，北京：中华书局，1995年，第184页。

③ 戒日王著，吴晓铃等译：《龙喜记》，台湾：华宇出版社，佛历2531年，第130页。

道、轻名利、愿为大多数人牺牲自己生命的理想人物①。

《龙喜记》在印度戏剧史上的重要，还因为它“又是梵剧中为藏戏所移植改编并长久传演的唯一剧目”②。十三世纪的时候，在萨迦法王八思巴和萨迦宏谦．夏迦桑保的授命下，藏族有名的翻译大师、萨迦派的雄顿．道吉迦参和印度学者拉黑木噶热在萨迦寺把《龙喜记》翻译成藏文。③ 十九世纪晚期，班登西饶奉其师和八世班禅之命又把藏译梵剧《龙喜记》加以改编，取名《云乘王子》，至今传演不衰④。

（二）变文中的金翅鸟

敦煌变文是一个文学宝库，其中就有关于金翅鸟的变文内容。有一节讲述舍利佛与六师斗法的情景：

> 舍利弗安详宝座，殊无怖惧之心，化出金翅鸟王，奇毛异骨，鼓腾双翅，掩敝（蔽）日月之明，爪距纤长，不异丰城之剑。从空直下，若天上之流星。遥见毒龙，数回博接。……其鸟乃先啄眼睛，后嚵四竖，两回动嘴，兼骨不残。六师战惧惊嗟，心神恍忽：……又更化出毒龙身，口吐烟云怀操暴。雷鸣电吼雾昏天，霹雳声扬似火爆。场中恐怯并惊嗟，两两相看齐道好。舍利既见毒龙到，便现奇毛金翅鸟。头尾慑铿不将难，下口其时先啄脑。筋骨粉碎作微尘，六师莫知何所道⑤。

这段变文是取材于《贤愚经》中舍利弗与六师斗法的故事，其中道：

---

① 孙全寿：《藏族翻译文学作品〈龙喜记〉简介》，《西北民族学院学报》（社科版），1987 年第 4 期。

② 刘志群：《中国藏戏与印度梵剧的比较研究》，《民族艺术》，1996 年第 2 期。

③ 参见孙全寿：《藏族翻译文学作品〈龙喜记〉简介》，《西北民族学院学报》（社科版），1987 年第 4 期。

④ 刘志群：《中国藏戏与印度梵剧的比较研究》，《民族艺术》，1996 年第 2 期。

⑤ 王重民、王庆菽、向达、周一良、启功、曾毅公编：《敦煌变文集》，北京：人民文学出版社，1957 年，第 386 页。

> 六师众中，有一弟子，名劳度差，善知幻术，于大众前，咒作一树，自然长大，荫覆众会，枝叶郁茂，花果各异。……复作一龙，身有十头，于虚空中，雨种种宝，雷电振地，惊动大众。众人咸言："此亦劳度差作。"时舍利弗，便化作一金翅鸟王，擘裂啖之。众人皆言："舍利弗胜！劳度差不如。"①

通过变文加工，不仅舍利弗的形象深入人心，幻化出的金翅鸟也会为人熟知吧。

（三）诗词及话头中的金翅鸟

也有以金翅鸟为题作诗的，如顾况《归阳萧寺有丁行者能修无生忍担水施僧况归命稽首作诗》：

> 智慧舍利佛，神通目乾连。阿若乔陈如，迦叶迦旃延。……乃致金翅鸟，吞龙护洪渊。一十一众中，身意皆快然。八河注大海，中有楞伽船②。

这里诗人希望金翅鸟能吞食水龙，根除水患。再如赵秉文《鸿沟》："山川依旧霸图空，楚汉分沟一吷中。金翅鸟王分海立，却应莞尔笑英雄。"③ 再如《六咏诗〈心〉》：

> 金翅鸟命终，骨肉尽消散。唯有心不化，圆明光灿烂。龙王取为珠，照破诸黑暗。转轮得如意，能救一切难。如何在人中，日用而不见④。

---

① 《大正藏》第4册，第420页。

② 《全唐诗》卷二六四，上海：上海古籍出版社，1986年。

③ （金）赵秉文撰：《滏水集》卷九，四部丛刊景明钞本。

④ （明）释德清撰：《憨山老人梦游集》卷三十五，清顺治十七年毛褒等刻本。

憨山德清用金翅鸟命尽其心为如意珠的典故告诉世人，其实每个人都有佛心一颗，却被各种欲望颠倒迷惑而不自知。还如《金翅鸟食龙歌》：

西方有鸟未识名，翅羽绝胜阎浮金。日食四生龙，一食五百势莫禁。俄观珍图上，画出兹鸟样。烧天欲火干沃焦，龙王空宫白骨高。蛟鼍腥臊不充腹，中有一龙拆颡流琼膏。上蹋天户驱风霆，下摧地轴走百灵。龙兮龙兮，恍惚变化徒狡狯，未脱烦恼皆尘形。始知禅那蕲力殊，一缕可活千龙躯。手足可断复可续，忍体何惜它人须。不然天地虽广大，雄吞弱死堕苦海，浩浩之劫终与尘灰俱①。

禅宗兴起后，也经常把金翅鸟作为话头来参，如《五灯会元》卷八载：

眉州黄龙继达禅师，僧问："如何是衲?"师曰："针去线不回。"曰："如何是帔?"师曰："横铺四世界，竖盖一乾坤。"曰："道满到来时如何?"师曰："要羹与羹，要饭与饭。"问："黄龙出世，金翅鸟满空飞时如何?"师曰："问汝金翅鸟还得饱也无?"②

同卷载：

福州鼓山智岳了宗禅师，本郡人也。初游方至鄂州黄龙，问："久向黄龙，及乎到来，只见赤斑蛇。"龙曰："汝只见赤斑蛇，且不识黄龙。"师曰："如何是黄龙?"龙曰："滔滔地。"师曰："忽遇金翅鸟来，又作么生龙?"曰："性命难存。"③

（四）小说中的金翅鸟

明清时期，小说兴起，而佛教对明清小说的影响是最大的。主要体现

① （明）俞允文撰：《仲蔚集》卷四，明万历十年程善定刻本。
② （宋）释普济撰：《五灯会元》卷八，宋刻本。
③ 同上。

在这几部作品中：《西游记》《古今小说》《西洋记》以及前面提到的《说唐全传》和《说岳全传》最有代表。

1.《西游记》中的金翅鸟

《西游记》讲述了唐僧师徒四人西行，途中遇到各种妖魔鬼怪，历经千辛万苦，终于求得真经的故事。在这本书里面，作者很明显地受到印度文化的影响。如很多学者就认为，《西游记》中的孙悟空的原型就是印度史诗《罗摩衍那》里的神猴哈奴曼。同样，在作者所描述（或幻想）的众多妖魔鬼怪中，也有印度文化的“血统”。

《西游记》第七十四回到七十八回，讲述师徒四人来到了八百里狮驼岭，碰到三个妖怪，分别是狮子、大象和大鹏雕。其中老三大鹏雕的原型就是印度佛经中的“迦楼罗”和庄子描述的“大鹏”，作者在这里把他们融合在了一起。《西游记》对老三大鹏雕是这样描述的：

> 金翅鲲头，星睛豹眼。振北图南，刚强勇敢，变生翱翔，鷃笑龙惨。抟风翮百鸟藏头，舒利爪诸禽丧丧胆。这个是云程九万的大鹏雕①。

这里很明显的就是直接把庄子的“大鹏”搬了过来，“鷃笑”“抟扶摇而上九万里”，就是庄子《逍遥游》里的典故。因此，《西游记》在塑造大鹏雕这一形象时，首先是受到庄子的“大鹏”影响的。

《西游记》作者不仅把大鹏雕与庄子的“大鹏”联系在一起，而且把凤凰、孔雀和大鹏雕也扯在了一起。如来后来告诉悟空说：

> 万物有走兽飞禽，走兽以麒麟为之长，飞禽以凤凰为之长。那凤凰又得交合之气，育生孔雀、大鹏。孔雀出世之时最恶，能吃人，四十五里路把人一口吸之，我在雪上顶上，修成丈六金身，早被他也把我吸下肚去，……欲伤他命，当被诸佛劝解：伤孔雀如伤我母。故此留他在灵山会上，封他做佛母孔雀大明王菩萨。大鹏与他是一母所

① （明）吴承恩撰：《西游记》，北京：人民文学出版社，1980年，第905~906页。

生，故此有些亲处①。

在这里，作者把大鹏和孔雀都说成是凤凰所生，很显然是一种典型的“中西结合”。把中国神话中的凤凰，庄子的大鹏和孔雀都融在了一起。

《西游记》中的大鹏雕最终是做了如来的护法，但一直桀骜不驯，性情暴烈：

三魔头道：“大哥休得悚惧。我们一起上前，使枪刀搠倒如来，夺他那雷音宝刹!”②

妖精（大鹏雕）道：“你那里持斋把素，极贫极苦；我这里吃人肉，受用无穷；你若饿坏了我，你有罪愆。”……大鹏鸟恨道：“泼猴头，寻这等狠人困我……”③

如果把这些同佛经中的金翅鸟作一比较，那么不管是故事的情节，还是妖怪的造型、性格等，无疑前者是以金翅鸟为原型的，只不过作者在这基础上加入了中国的传说——凤凰和大鹏的因素。凤凰是美好、吉祥的象征，而佛经里的金翅鸟尽管威武神勇，是佛教的护法神，但是却性情暴戾。这一性格明显与中国传说中的祥瑞之鸟——凤凰大相径庭，所以在《西游记》里，作者对于大鹏雕这一形象加入了（凤凰的）善的因素，以皈依佛祖作为它的结局（虽然佛教里的迦楼罗也是皈依了佛教的，但是其最终结局是毒发身死）。

2.《古今小说》中的金翅鸟

《古今小说》是冯梦龙编撰的白话短篇小说集，全称《全像古今小说》，是《喻世明言》的初刻本。《古今小说》共四十卷，每卷一篇，即是一个故事，其中有反映社会现实，也是宣扬佛教因果报应的，特别是后者很多事取材佛教故事。其第十三卷“张道陵七试赵升”讲述张道陵考验其

① （明）吴承恩撰：《西游记》，北京：人民文学出版社，1980年，第939页。

② 同上书，第940页。

③ 同上书，第941页。

弟子的故事。张道陵受太上老君之命往蜀中收拾众鬼魔王，与众魔王展开斯杀：

其时八部鬼帅大怒，化为八只吊睛老虎，张牙舞爪来攫真人。真人摇身一变，变成狮子逐之。鬼帅再变八条大龙，欲擒狮子，真人又变成大鹏金翅鸟，张开巨喙，欲啄龙睛。鬼帅再变五色云雾，昏天暗地。真人变化一轮红日，升于九霄，光辉照曜，云雾即时流散。"①

真人问曰："此地有咸泉，今在何处？"神女答曰："前面大湫便是。近为毒龙所占，水已浊矣。"真人遂书符一道，向空掷去。那道符从空盘旋，忽化为大鹏金翅鸟，在湫上往来飞舞。毒龙大惊，舍湫而去，湫水遂清②。

金翅鸟食龙，是佛经的既定故事，因此在小说中不管主题怎么变化，龙作乱，必须得金翅鸟制服，这种逻辑关系是不会变的。

3.《西洋记》中的金翅鸟

《西洋记》是明代长篇神魔小说，罗懋登著，全称《三宝太监西洋记通俗演义》，又名《三宝太监西洋记》《三宝开港西洋记》。全书根据郑和下西洋故事演绎而成，描写明代永乐年间郑和招兵西征，平服各国的故事。虽然故事的主人公是郑和，但其中随行的张天师和碧峰长老与西洋法师之间的斗法占了全书绝大部分内容。书中描写的神灵颇多，其中就有金翅鸟。如第二回"补陀山龙王献宝，湧金门古佛投胎"讲到：

第三班跪着的白脸素衣呼庚吸辛，手儿里捧着一个碧澄澄的滑琉璃。老祖道："第三位是谁？"龙王道："弟子是西海小龙神敖顺。"老祖道："手儿里捧着什么？"龙王道："是一个金翅吠琉璃。"老祖道："是何处得来的？"龙王道："这琉璃是须弥山上的金翅鸟壳。其色碧澄澄如西僧眼珠子的色，道性最坚硬，一切诸宝皆不能破。好食生

---

① （明）冯梦龙撰：《古今小说》卷十三，明天许斋刻本。

② 同上。

铁。小神自始祖以来就得了此物，传流到今，永作镇家之宝。”①

罗懋登在这里可不是胡乱编的，其出处就是我们前面提到的《佛说观佛三昧海经》等佛经中讲的，金翅鸟命终之后其心化为如意珠的典故。作者很可能非常熟悉佛经，或者看过从佛经中取材的有关俗书。但不管是哪一种，最终的出处都是在佛教里面。又第七十六回“关元帅禅师叙旧，金碧峰禅师斗变”，讲一行人在路上碰到一个异常强大凶恶的大鸟，大家都没办法对付，于是想起了在佛祖座下的大鹏金翅鸟。其时大鹏金翅鸟被佛祖收服，封为“大力王菩萨”。金翅鸟领了佛祖之命前往西洋，须臾而至，片刻功夫就收拾了那凶恶大鸟②。值得一提的是，在这之前，书中还描写了一种大鸟，那就是凤凰。可见作者并没有把金翅鸟和凤凰混为一谈。

4.《说岳全传》中的金翅鸟

把金翅鸟的故事运用到小说最有影响的应该是《说岳全传》。说岳故事讲述的是抗金英雄岳飞的传奇一生，全书用大鹏的神话作为引子和结尾，把岳飞说成是大鹏金翅鸟转世。小说讲岳飞前世是佛祖头顶的护法神——大鹏金翅明王，因啄死了在佛祖面前放屁的女土蝠（转生为秦桧之妻）而谪落红尘，前去降服被玉皇大帝谴下界搅乱宋朝江山的赤须龙（金兀术）。在降生途中大鹏金翅明王又啄伤了虬龙精（转生为秦桧），于是在尘世间就生出来一段恩怨纠葛，最终大鹏金翅明王证得因果，返回天界。

把岳飞和大鹏金翅鸟联系在一起，是人们将岳飞的字（鹏举）附会演绎而来的，其发轫者是岳飞的孙子岳珂。岳珂在其编定的《金陀粹编》和《金陀续编》里，说岳飞出生时，有大鸟飞鸣于屋室，后来明代熊大木编《武穆精忠传》的时候仍然沿用了这一故事③。但是比岳珂早几十年的曾敏行和洪迈却把岳飞说成是猪精转世：

岳公飞微时，尝与长安道中遇一相者曰“舒翁”。飞时贫甚，翁

① （明）罗懋登撰：《西洋记》卷一，明万历二十五年刊本。

② 同上。

③ 参见朱广文：《佛教轮回果报观下岳飞转世故事的演变》，《集美大学学报》（哲学社会科学版），2009年第1期。

熟视之，曰："子异日当贵显，总重兵，然死非其命。"飞曰："何谓也?"翁曰："第识之，子，猪精也，猪硕大而必受害。子贵显则睥睨者众矣。"①

一则大概是岳飞的字——"鹏举"有大鹏展翅、一飞冲天之意，二则是佛教里的金翅鸟的性格和命运与岳飞的一生有着相似之处，因此，相比于猪精而言，人们情愿相信他是迦楼罗转世。

在《说岳全传》里，作者不仅仅把金翅鸟与大鹏结合起来，而且对佛典里金翅鸟食龙一事做了创造性运用。佛典里的金翅鸟由于食龙过多，最终毒发身亡；《说岳全传》里的大鹏金翅明王因啄伤了虬龙精，啄死了女土蝠而被贬谪红尘，转生为岳飞，被虬龙精转生的秦桧等残害。《说岳全传》中的岳飞故事完全是佛经金翅鸟故事的翻版。小说把庄子的"大鹏"与金翅鸟结合起来，成为"大鹏金翅明王"，还加入了道教的玉皇大帝等，充分反映出这一时期佛道融合的情况。

由于说岳故事的流传深广，影响巨大，致使大部分人认为岳飞乃庄子所说的"大鹏"转世，其实应该是金翅鸟转世，或者更确切地说，应该是"大鹏"与"金翅鸟"的结合体"大鹏金翅明王"转世。作者把庄子的"大鹏"与佛教的金翅鸟作了非常好的融合。

---

① （宋）曾敏行：《独醒杂志》卷十，上海：上海古籍出版社，1986年，第92页。

第四章　余　论

综上所述，金翅鸟本是印度先民鸟崇拜的一种反映，体现的是生殖崇拜观念。随着婆罗门教的兴起和发展，金翅鸟作为一种土著图腾被吸收进雅利安人的信仰系统，而其在这个信仰神系中的地位在印度史诗时期得到明显提升，成为大神毗湿奴的坐骑。佛教在吸收婆罗门教思想的时候也把包括金翅鸟在类的众多神灵一并吸纳了过来，金翅鸟由此成为佛教的主要护法神。这个本来具有印度纯正血统的佛教神灵随着佛教传入中国后，融合了同样作为图腾的中国鸟崇拜因素（主要是大鹏和凤凰），进而从外形到内涵都发生了很大的变化，演变成中印杂交的“混血儿”。其影响也远远超出佛教，常常作为石窟壁画、文学作品的素材，甚至成为民众崇拜的对象。

文化间的交流首先是语言文字的交流，而语言文字的交流并非一开始就畅通无阻，要让本土语言完整清晰和准确地表达外来文化，并不是短时间内就能做到。佛教融入中国的过程即是如此，李四龙先生说：“即使是在佛教第二故乡的中国，汉语在处理这些佛教术语时也是煞费苦心，但我们用了上千年的时间最终确立了一套汉语的术语体系以及翻译方法”①。以“金翅鸟”一词为例，从“迦楼罗”到“金翅鸟”我们用了几百年的时间(两汉之际到隋唐)，而从“金翅鸟”到“大鹏金翅鸟”我们又用了几百年(隋唐到明清)。但问题的实质并不在于从这个名字到那个名字的转变，而在于这转变背后的文化赋予，这种文化赋予也必然会在文学、艺术等领域有所表现。事实上，民众对佛教的了解，很多并不是通过佛经，而恰恰是

① 李四龙：《欧美佛教学术史》，北京：北京大学出版社，2009年，第481页。

通过那些文化赋予后的文学和艺术作品。从两晋至隋唐，佛教更多地是作为一种身份的认同，或者是一种精神的消遣，主要是在社会上层流行，此时期人们接受（或者认可）的是“金翅鸟”这一名号。而下延至明清，随着平民社会的崛起，通过自身的弘传，更多地是借助世俗文学、艺术等的形式，佛教影响到社会的各个角落，大家更多地认可“大鹏金翅鸟”这一叫法。这样，从“金翅鸟”到“大鹏金翅鸟”的转变，和佛教在中国社会的转型在时间上正好吻合，两者在深层次的意义上是否有内在的联系，是值得探究的话题。

第三编

动物传统及其禁忌

禁止杀牛的传统

论《文昌帝君阴骘文》宋郊救蚁故事

◎郭俊良

第一章　禁止杀牛的传统

我国的牛耕技术始于春秋战国时期，到汉代之际已经较为普及，牛耕技术的出现极大地节省了社会劳动力，扩大了生产规模，促进了社会生产力的发展。在没有自动化农业机械的古代，牛力是最重要的畜力，比马和驴等大型牲畜更适合于耕作。历代统治者都十分重视保护耕牛，对杀牛行为予以严格的规范，用严刑峻法保护耕牛。另一方面，牛被称为太牢，一直也是祭祀用的重要牺牲，无论是国家祀典，还是地方淫祀，都杀牛作祭，供天地、祖宗、神祇作血食，每年都会数以万计的牛被杀作牺牲。牛还是人类重要的肉食来源，其味之美让很多人垂涎，甚至不顾法禁，杀牛卖肉。另外牛皮、牛筋、牛角等还是重要的军事材料，用以制作盔甲、弓箭等。保护耕牛与杀牛作牺牲、作肉食之间一直存在某种紧张关系，统治阶级也一直在努力平衡这三者之间的关系，始终以保护耕牛为首务。

佛教在印度时就以不杀生为五戒之首，认为含灵之类皆有佛性，对所有动物一视同仁，并不专门将杀牛作为宗教禁忌，但佛教不杀生的教义还是直接促使印度成为不杀牛的国家。当佛教传入中国之后，其不杀生教义也直接影响着中国保护耕牛的政策，于法制之外给予宗教影响，弥补了法网疏漏之处。

第一节　印度对牛的保护政策

现在的印度是个禁止杀牛和禁食牛肉的国家，这个是世人皆知的事实。印度的联邦体制中有一部分叫做“国家政策的指导性则”，它为法律提出指导方针，由各个联邦的立法者去尊奉。条文第 48 款要求禁止“屠宰母牛和牛犊，以及其他产奶和驮物的动物”。在印度有两个联邦——克拉拉邦和西孟加拉邦，通过了某种形式的“牛保护”法案，其中“牛”（cow）一词意指牛这一类中的公牛和母牛，这是印度当地土产的牲畜①。印度教中牛还是湿婆神的坐骑，是圣牛，不可杀，不可食用。然而印度教并不是从来就有禁止杀牛的神牛崇光的。

美国著名人类学家马文·哈里斯《好吃：饮食与文化之谜》“圣牛之谜”中指出：“该历史的核心事实是：牛保护并不总是印度教的核心事实。印度教的最早的神圣文本——《梨俱吠陀》——称颂吠陀的神明与习俗，一个养牛和耕作的人种，从公元前 1800 年至公元前 800 年间统治北部印度。吠陀的社会与宗教已经区分出现代印度教的四个主要种姓，包括婆罗门祭司阶层，萨蒂利即武士首领阶层，吠舍即商人阶层和首陀罗即贱民阶层。《吠陀》中既不禁食牛肉也不保护母牛。实际上，在《吠陀》时代，婆罗门种姓的宗教职责并没有偏重在牛保护方面，反而偏重在宰杀牛方面。崇奉《吠陀》经的人是早期欧洲和西南亚洲武士游牧人中的一支，在他们中间仪式性宰杀动物和奢侈的肉食大宴是相辅相成的。在重大典礼的场合，吠陀人中武士和祭司同凯尔特人（Celts）和以色列人一样，向他们的追随者发放畜肉，作为对忠诚的物质奖赏，也作为财富和权力的象征。整个村落和地区的人都赞誉到这类盛大的食肉宴中。”②

可见早期婆罗门教并没有实行对牛的保护政策，反而是宰杀牛来祭祀和食用的践行者。那么印度现行的对牛的保护政策又是如何形成的呢？这就和佛教有着很大的关系。

大约在公元前 600 年，由于人口增长，森林减少，大批土地用于耕种，印度愈来愈成为农耕为主的社会，耕牛使用的必要性和迫切性使得没有那么多牛来用于祭祀和肉食。加上战争、干旱、饥荒等使得农民生活水准降低，引发了他们对婆罗门杀牛祭祀的敌意性。佛陀在这个时候倡导不

---

① ［美］马文·哈里斯著；叶舒宪译：《好吃：饮食与文化之谜》，山东书画出版社，2001 年，第 43 页。

② 同上书，第 48 页。

杀生的教义，谴责屠戮生命的行径，自然也将反对杀牛祭祀列入其中。在《长阿含经》中《究罗檀头经》记载婆罗门究罗檀头向佛祖请教祭祀的礼仪：

时，婆罗门白佛言："我闻瞿昙明解三种祭祀及十六种祭具，我等先宿耆旧所不能知，我等今者欲为大祭祀，已办五百特牛、五百牸牛、五百特犊、五百牸犊、五百羖羊、五百羯羊，欲以祭祀，今日顾来，问三祭法及十六祭具，若得成此祀者，得大果报，名称远闻，天人所敬。"①

婆罗门已办"五百特牛、五百牸牛、五百特犊、五百牸犊"，单单是牛就要杀两千头，可见祭祀之豪奢。而佛祖说自己前世是婆罗门，曾为摩诃伟质多王主持祭祀，最后劝导王用不杀生祭祀：

佛告婆罗门："彼王大祭祀时，不杀牛、羊及诸众生，唯用酥、乳、麻油、蜜、黑蜜、石蜜，以为祭祀。"②

佛祖并进一步告诉婆罗门究罗檀头供养僧人、建造寺庙、皈依僧人、谨守五戒可以获得更大的福报。《究罗檀头经》侧面反映了佛祖在世之时婆罗门教仍大量杀牛祭天的现象，而佛祖提供了"不杀牛、羊及诸众生，唯用酥、乳、麻油、蜜、黑蜜、石蜜，以为祭祀"的祭祀方式。佛灭度后百年仍有杀牛祭天之事，而身为佛教居士的厨士谨守五戒不愿杀生，见《众经撰杂譬喻》：

佛般涅槃后百岁，有国王事天神，大祠祀用牛羊猪豚犬鸡各百头，皆付厨士杀牛羊。厨士中有一优婆塞言："我持佛戒不得杀生。"厨监大恚，即白佛言。欲治之，王问曰："汝故欲违我教耶？当杀

① （后秦）佛陀耶舍、竺法念译：《长阿含经》，《大正藏》第1册，第918页中。
② 同上书，第100页中。

> 汝。”厨士答曰：“我是佛弟子，受持五戒。宁自杀身，不违佛教。而便杀生，若随王教犯杀者，死入地狱，巨亿万岁。罪竟乃出，常当短命。持戒不缺，就王诛者，死转上天。天上得福，所愿自然。今假令当死，转此生身，当受天上，罪福之报，相去殊远。我以是故死死不犯耳。”王言：“与七日期，当以象蹈杀汝，若不死者，语乃有实。”七日之后，士尽是优婆塞，身作佛身相如佛形，以验五百象往蹈之。优婆塞如佛法，则举手五指化为五岳山，一山间有一师子出，象见师子惶怖悉皆伏地，如佛在时。王尔乃信知有佛，便罢祠祀。从此人受佛戒，臣吏人民亦皆从受戒，遂为国师。贤者持戒度人如此①。

由上可看，佛教持戒不杀生，并未专对禁止杀牛而言，而是对动物一视同仁的不杀，其动机在于杀生之后“死入地狱，巨亿万岁。罪竟乃出，常当短命”。这位优婆塞厨士乃是慑于杀生后的恶报而谨守宁死不肯违戒。

另外佛教还塑造了不喜欢杀生祭祀的神祇，来劝诫信众不要一厢情愿的来杀生祭祀。在《杂宝藏经》卷三中记有：

> 佛言：“非但今日，于过去世，亦曾如此。昔于迦尸国，时有龙王兄弟二人，一名大达，二名优婆大达，恒雨甘雨，使其国内，草木滋长，五谷成熟，畜生饮水，皆得肥壮，牛羊蕃息。时彼国王，多杀牛羊，至于龙所，而祠于龙。龙即现身，而语王言：‘我既不食，何用杀生而祠我为？’数语不改，兄弟相将，遂避此处……大达语弟：‘莫作瞋恚！我等今当还向本处，迦尸国王，渴仰我等。’迦尸国王，作是言曰：‘二龙若来，随其所须，以奶酪祀，更不杀生。’龙王闻已，即还本处。”②

龙王告诫迦尸国王：“我既不食，何用杀生而祠我为？”后来迦尸国王

① ［印］比丘道略集；（后秦）鸠摩罗什译：《众经撰杂譬喻》，《大正藏》第4册，第539页中。

② （北魏）吉迦夜、昙曜译：《杂宝藏经》，《大正藏》第4册，第461页。

听从龙王所言“以奶酪祀，更不杀生”，塑造了不喜杀生、不血食的神祇。

佛教以不杀生和因果报应的教义思想，以及塑造了不血食的神祇，客观上保护了耕牛。另外佛教反对种姓制度，提倡众生平等，使得佛教取得了广大的群众基础。经过九百多年佛教劝诫不杀生的漫长过程，婆罗门教也推翻了《梨俱吠陀》中对动物牺牲的迷狂般信奉，转而采纳了不杀生的原则。他们自己也从牛群的杀害者转变为保护者。他们认为，神灵们是不吃肉的，正如《杂宝藏经》中龙神所说：“我既不食，何用杀生而祠我为?”他们解释《梨俱吠陀》中的那些描述牺牲献祭的文字不过是隐喻和象征性的动作而已。于是乎，牛奶取代肉成为印度教仪式上的主要食物。又在印度教的不懈努力下，印度成为了如今世人皆知的崇拜牛、禁杀牛和禁食牛肉的国家。

婆罗门信徒比佛教徒更能取得优势的原因是，他们善于驾驭崇拜牛的民众倾向，把黑天神和其他神等同为家畜。佛教徒从来没有把牛加以神圣化的做法，也不崇拜黑天和相关的神。他们效法乔达摩的榜样，要通过冥想而不是祈祷去寻求解脱。佛教的民众基础开始衰败，到了公元8世纪的末期，乔达摩的宗教便从它所产生的这片土地全然消失了①。

可见印度教继承了佛教不杀生和素食的传统，印度70%的人口都是印度教信徒，才形成了今天印度“圣牛”的奇特文化。

第二节　禴祭对杀牛祭祀的影响

《春秋左传·成公十三年》刘子曰：“国之大事，在祀与戎，祀有执膰，戎有受脤，神之大节也。”这里的祀与戎其实都是祭祀，祀是祭祖的仪式，戎是出征前的祭社仪式，后来戎才被引申为战争。也就是说，国之大事，就是祭祀。而祭祀的礼仪最重在执膰和受脤之时要有恭敬之心，而不在于祭品的厚薄。《易经·既济》中“九五，东邻杀牛，不如西邻禴祭，

① ［美］马文·哈里斯著；叶舒宪译：《好吃：饮食与文化之谜》，山东书画出版社，2001年，第53页。

实受其福。”更指出祭祀中的诚敬之心更为重要。

杀牛祭祀是中国古代祭祀中最为传统的祭祀方式，中国古代祭祀有着十分完备的制度，《大戴礼记·第五十八·曾子天圆》：“圣人立五礼以为民望，制五衰以别亲疏；和五声以导民气，合五味之调以察民情；正五色之位，成五谷之名，序五牲之先后贵贱。诸侯之祭，牲牛，曰太牢；大夫之祭，牲羊，曰少牢；士之祭，牲特豕，曰馈食；无禄者稷馈，稷馈者无尸，无尸者厌也；宗庙曰刍豢，山川曰牺牷，割列禳瘗，是有五牲。”五牲有先后贵贱，以牛为最贵，诸侯之祭方可使用，故有“诸侯无故不杀牛”的说法。

禴祭中“礿”与“禴”通假，汉代何休认为这是煮新麦祭祀祖先，而晋代郭璞以为是煮新菜祭祀祖先。不论是煮新麦祭祖，还是煮新菜祭祖，总之“禴祭”是一种薄祭，祭品为新出的农产品①。杀牛为最贵之祭祀，为五牲之首，而禴祭只是一种薄祭，丰薄悬殊。《汉书·郊祀志》言：

> 后成都侯王商为大司马卫将军辅政，杜邺说商曰：“‘东邻杀牛，不如西邻之瀹祭’，言奉天之道，贵以诚质大得民心也。行秽祀丰，犹不蒙祐；德修荐薄，吉必大来”②。

杜邺引用《易经·既济》卦辞，指出祭祀能否蒙天保佑，不在“祀丰”或“荐薄”，而在于是“行秽”还是“德修”。对于这句话，颜师古注曰：“此易既济九五爻辞也。东邻，谓商纣也。西邻，周文王也。瀹祭，谓瀹煮新菜以祭。言祭祀之道莫盛修德，故纣之牛牲，不如文王之蘋藻也。”③ 荐在古代也是一种祭礼，“其礼稍逊于祭”。《礼记·王制》：“大夫士宗庙之祭，有田则祭，无田则荐。庶人春荐韭，夏荐麦，秋荐黍，冬荐稻。”荐礼常常贡献的是谷物蔬菜等素食类，与祭祀用牛羊作牺牲不同，确实薄了很多。

---

① 沈志权：《〈周易〉祭祀与神道设教》，《求索》，2011年第3期，第118页。

② （东汉）班固撰：《汉书》第4册，北京：中华书局，1964年，第1262页。

③ 同上书，第1263页。

正是在“东邻杀牛，不如西邻禴祭”的思想背景下，封建统治者为了节省牺牲用牛，纷纷引用这个典故来做理论依据。《魏书·礼志》中记载：

> 高祖延兴二年，有司奏天地五郊、社稷已下及诸神，合一千七十五所，岁用牲七万五千五百。显祖深愍生命，乃诏曰：“朕承天事神，以育群品，而咸秩处广，用牲甚众。夫神聪明正直，享德与信，何必在牲。《易》曰：‘东邻杀牛，不如西邻之礿祭，实受其福。’苟诚感有著，虽行潦菜羹，可以致大嘏，何必多杀，然后获祉福哉！其命有司，非郊天地、宗庙、社稷之祀，皆无用牲。”于是群祀悉用酒脯①。

上文指出高祖延兴二年（472），岁用牲七万五千五百，牲在古代特指祭祀用的牛、羊、猪，牲有牛完全的意思，因为祭祀用的牛要完整。“显祖”就是魏献文帝拓跋弘，他对佛教敦信尤深，曾于平城建永宁寺，构七级浮图，高三百尺，基架宽敞，为天下第一；又于天宫寺作大佛像，高四十三尺，用铜十万斤，黄金六百斤；又建鹿野苑石窟；在位期间还大力修造云冈石窟。佛教不杀生的戒条应当对其影响很深，魏献文帝看到每岁用牲甚重，深愍物命，提出“夫神聪明正直，享德与信，何必在牲”，神受祭祀供享的是祭祀人的德行和诚信，而不在于牺牲，并引用《周易·既济》九五爻辞，指出若诚感有著，不必多杀。他命令“非郊天地、宗庙、社稷之祀，皆无用牲”，大大减少了牺牲用牛的数量。从这里并没有看到魏献文帝是出于保护耕牛劳力的目的，而是佛教不杀生信仰造就他“深愍物命”，只在天地、宗庙、社稷之祀用牲。

《南齐书·齐武帝本纪》中记载齐武帝在永明十一年（493）颁布的遗诏中有言：

> 祭敬之典，本在因心，东邻杀牛，不如西家禴祭。我灵上慎勿以牲为祭，唯设饼、茶饮、干饭、酒脯而已。天下贵贱，咸同此制。未

① （北齐）魏收撰：《魏书》第8册，北京：中华书局，1974年，第2740页。

山陵前，朔望设菜食①。

齐武帝萧赜“刚毅有断，为治总大体，以富国为先，颇不喜游宴、雕绮之事，言常恨之，未能顿遣”。临崩又诏：“凡诸游费，宜从休息。自今远近荐献，务存节俭，不得出界营求，相高奢丽。金粟缯纩，弊民已多，珠玉玩好，伤工尤重，严加禁绝，不得有违准绳。”② 其节俭的作风，促使其对自己的山陵祭祀务求简薄，不杀牲为祭，“唯设饼、茶饮、干饭、酒脯而已”。

《旧五代史·礼志》中记有：

显德二年秋八月，兵部尚书张昭上言：“今月十二日，伏蒙宸慈召对，面奉圣旨，每年祀祭，多用太牢，念其耕稼之劳，更备牺牲之用，比诸豢养，特可愍伤，令臣等讨故事，可以他牲代否。臣仰禀纶言，退寻礼籍，其三牲八簋之制，五礼六乐之文，著在典彝，迭相沿袭，累经朝代，无所改更。臣闻古者燔黍捭豚，尚多质略，近则梁武面牲竹脯，不可宗师，虽好生之德则然，于奉先之仪太劣。盖礼主于信，孝本因心，黍稷非馨，鬼神飨德，不必牲牢之巨细，笾豆之方圆，苟血祀长保于宗祧，而牲俎何须于茧栗。但以国之大事，儒者久行，易以他牢，恐未为便。以臣愚见，其南北郊、宗庙社稷、朝日夕月等大祠，如皇帝亲行事，备三牲；如有司摄行事，则用少牢已下。虽非旧典，贵减牲牛。”

是时太常卿田敏又奏云：“臣奉圣旨为祠祭用犊事。今太仆寺供犊，一年四季都用犊二十二头。《唐会要》武德九年十月诏：‘祭祀之意，本以为民，穷民事神，有乖正直，杀牛不如礿祭，明德即是馨香，望古推今，民神一揆。其祭圜丘、方泽、宗庙已外，并可止用少牢，用少牢者用特牲代。时和年丰，然后克修常礼。’又按《会要》天宝六载正月十三日赦文：‘祭祀之典，牺牲所备，将有达于虔诚，

① （梁）萧子显撰：《南齐书》第1册，北京：中华书局，1972年，第62页。
② 同上。

盖不资于广杀。自今后每大祭祀，应用骍犊，宜令所司量减其数，仍永为恒式。其年起请以旧料每年用犊二百一十二头，今请减一百七十三头，止用三十九头，余祠飨并停用犊。'至上元二年九月二十一日赦文：'国之大事，郊祀为先，贵其至诚，不美多品。黍稷虽设，犹或非馨；牲牢空多，未为能飨。圜丘、方泽，任依恒式，宗庙诸祠，临时献熟，用怀明德之馨，庶合西邻之祭。其年起请昊天上帝、太庙各太牢一，余祭并随事市供。'若据天宝六载，自二百一十二头减用三十九头；据武德九年，每年用犊十头，圜丘四，方泽一，宗庙五；据上元二年起请只昊天上帝、太庙，又无方泽，则九头矣。今国家用牛，比开元、天宝则不多，比武德、上元则过其大半。案《会要》，太仆寺有牧监，掌孳课之事。乞今后太仆寺养孳课牛，其犊遇祭昊天前三月养之涤宫，取其荡涤清洁，余祭则不养涤宫。若临时买牛，恐非典故。"①

显德二年（955）是后周世宗柴荣在位期间，柴荣因为每年祭祀多用太牢（牛）作牺牲，感念牛耕稼的劳苦，还要用来作祭祀，和其他豢养的动物相比，更为值得愍伤可怜，就令大臣征引故事，看如何减少祭祀杀牛。太常卿田敏历举《唐会要》武德九年、天宝六载、上元二年对祭祀用太牢规范和数目的诏命，武德九年的敕命每年只用十头牛犊作祭祀，上元二年敕命每年只用九头牛犊作祭祀，和高祖延兴二年"岁用牲七万五千五百"相比，可谓减至极省了。武德九年（唐高祖李渊）诏命"祭祀之意，本以为民，穷民事神，有乖正直"，意在不穷命事神，因牛是农耕社会最重要的生产力。武德九年离隋末战乱结束不到十年，生产力还很凋敝，所以想方设法减少祭祀用牲，等到"时和年丰，然后克修常礼"。天宝六年诏命指出"况牛之为畜，人实有赖，既功施於播种，亦力被於车舆，此比馀生，尤可矜悯"，故而从二百一十二头减为三十九头。武德九年和天宝六年敕命的动机皆在减少祭祀用牛，保护生产力，而原因"东邻杀牛，不

① （宋）薛居正等撰：《旧五代史》第6册，北京：中华书局，1976年，第1912～1913页。

如西邻禴祭”的典故，着重于祭祀时的虔诚和修德，而不在乎祭品的厚薄。

第三节　梁武帝面牲改祭的争议

祭上帝或日月诸神时，一般会先将牲畜宰杀，然后放在柴草上焚烧，称为“柴祀”、“燔祭”、“禋祀”。祭地神将牲畜血埋入地下，称“瘗”。祭祖时也用牲畜：“先迎牲，杀于庭，取血告于室以降神。”这种祭祀被称为“血食”。《汉书·高帝纪》：“秦侵夺其地，使其社稷不得血食。”颜师古注：“祭者尚血腥，故曰血食也。”因为要杀取牲血作为祭礼，比较血腥，故称血食，社是土地神，稷是五谷神，代表着国家，土地神和五谷神没有牺牲祭祀的话，就是不血食，往往代表社稷崩坏，朝廷灭亡。如《左传·庄公六年》：“若不从三臣，抑社稷实不血食，而君焉取馀?”

上节所讲，虽然诸多帝王或愍物命，或重牛耕，减少国家祭祀中的用牛数量，但在祭祀天地、祖宗、社稷中仍然依照常式，用牛为牺牲，血食祭祀。如魏献文帝时“其命有司，非郊天地、宗庙、社稷之祀，皆无用牲”，唐高祖时“其祭圜丘、方泽、宗庙已外，并可止用少牢，用少牢者用特牲代”，唐肃宗时“圜丘、方泽，任依恒式”“昊天上帝、太庙各太牢一”。特别是宗庙（太庙）虽然减少用牲，但未能全然禁绝。所以诸多皇帝虽然深愍物命，哀牛多劳，但于祭祀祖宗仍不能断绝血食。

梁武帝以面牲祭祀祖宗，从来争议颇多。梁武帝崇信佛教，三次舍身入同泰寺，并颁布过《断杀绝宗庙牺牲诏》和《断酒肉文》，这两篇文中都有提出宗庙祭祀断绝牺牲，而用面牲。在《断杀绝宗庙牺牲诏》一文中记载：

梁高祖武皇帝临天下十二年，下诏去宗庙牺牲，修行佛戒蔬食断欲……

至遂祈告天地宗庙，以去杀之理被之含识，郊庙皆以面为牲牷，其飨万国用菜蔬去生类，其山川诸祀则否①。

在《断酒肉文》中记有：

弟子萧衍，又复敬白诸大德僧尼、诸义学僧尼、诸寺三官：北山蒋帝，犹且去杀。若以不杀祈愿，辄得上教。若以杀生祈愿，辄不得教。想今日大众，已应闻知。弟子已勒诸庙祝，及以百姓，凡诸群祀，若有祈报者，皆不得荐生类，各尽诚心，止修蔬供。蒋帝今日行菩萨道，诸出家人云何反食众生，行诸魔行？一日北山为蒋帝斋，所以皆请菜食僧者，正以幽灵悉能鉴见。若不菜食僧，作菜食往，将恐蒋帝恶贱佛法，怪望弟子，是诸法师当见此意②。

由上可见，梁武帝萧衍下诏书去处天地宗庙牺牲之法，郊祭和宗庙祭祀都以面牲，乃至群祀有所祈报者，都只用蔬供。梁武帝的做法比魏献文帝、南齐武帝、唐高宗、唐玄宗、唐肃宗、后周世宗等都要更加坚决彻底。魏献文帝也是虔诚信佛的人，深愍物命，尽量少用牺牲，但梁武帝走得更远，他三次舍身入同泰寺，以及颁布《断酒肉文》使素食成为僧尼必须遵守的戒律。梁武帝用面牲蔬供祭祀天地宗庙乃至群祀的做法，是空前绝后的，引发了诸多的非议。

如兵部尚书张昭所言："近则梁武面牲竹脯，不可宗师，虽好生之德则然，于奉先之仪太劣。"③《魏书·萧衍传》中言："衍自以持戒，乃至祭其祖祢，不设牢牲。时人皆窃云虽僭司王者，然其宗庙实不血食矣。"④《魏书》指责萧衍佞佛太过，不杀牢牲使祖宗血食，质疑其政权的合法性。梁武帝面牲竹脯，不设牢牲，是其佛教信仰影响其对牲牢等有好生之德，不杀牲作祭，但也被诟病其"奉先之仪太劣""祖宗实不血食"。前面说过在祖宗社稷不血食往往代表着政权的沦丧和礼制的崩坏，于国家政权而言

① （唐）道宣撰：《广弘明集》卷二十六，《大正藏》第52册，第293～294页。
② 同上书，第297页中。
③ （宋）薛居正等撰：《旧五代史》第6册，北京：中华书局，1976年，第1912页。
④ （北齐）魏收撰：《魏书》第6册，北京：中华书局，1974年，第2187页。

是不吉利的事情，所以当时之人才会窃窃私语说萧衍僭位称王，祖宗并未能血食，所以萧衍的政权并不稳固，

而佛教徒们对梁武帝面牲祭祖改祭祀之礼一事，因都站在佛教慈悲戒杀的立场上而对其多所称道。如《施食通览》记载宋慈云遵式《改祭修斋决疑颂》：

> 第四疑祭祀之法，广在礼经。天子七庙，诸侯五庙，大夫卿士至于庶人皆同。祭祀圆丘、方泽上下神明，国之常典，云何劝令断祭乃太伤国风乎？
>
> 释曰：祭祀出其俗典，断祭据其佛经。俗典则未逃杀害，佛经则唯尚慈悲。杀害则报在三涂，慈悲则果成万德。以善改恶，导浅令深，佛度众生，无不皆尔。今人既信佛教，须修佛慈，不可更杀众生，称佛弟子。况复时俗，不独祭先，靡神不宗，实谓淫祀。不修明德，唯事杀生，可悲之深，略谈难尽。故昔梁武帝敕天下断祭止杀，盖遵佛教，岂独今日也。幸有斋福，正好竞修，足可利于存亡，亦免伤于物命，何劳苦执祀典经乎。颂曰：
>
> 杀牛惭禴祭，黍稷本非馨。斋诵真明德，何劳执礼经①。

对于有人质疑祭祀断牲牢血食不合于礼经，太伤国风，正是站在中国固有之祭礼立场而言的。慈云遵式以为“祭祀出其俗典，断祭据其佛经。俗典则未逃杀害，佛经则唯尚慈悲”，既然信奉佛教了，就须修行慈悲，不能再杀生祭祀，并征引梁武帝敕天下断祭面牲蔬供一事，俨然赞许之意。

《佛祖统纪》中“改祭”一条：

> 佛为旷野鬼神、鬼子母等改弃血食而受僧众出生之食，此缘起也（二事并见晓石芝《施食通览》，具引藏经）。梁武皇、魏献文敕郊庙不用牲牷，唯荐蔬面，此人主立法也（二事见《通塞志》）。智者为关

① （宋）宗晓编：《施食通览》，《卍续藏》第57册，第110页。

王授戒，慈云为白鹤授戒，皆令禁断荤血，专事蔬食，此沙门立法也（慈云有《改祭文》并《决疑十颂》，备引证验）①。

《佛祖统纪》说魏献文帝郊庙不用牲牷是不确切的，郊庙就是祭祀天地祖宗的祭祀，而前文已说魏献文帝敕文“非郊天地、宗庙、社稷之祀，皆无用牲”，真正郊庙不用牲牷唯用蔬面的只有梁武帝一人。

对于梁武帝改祭用面牲的合理性，佛教徒也有详细论证。如：

十六年。敕太医不得以生类为药，郊庙牲牷皆代以面，宗庙荐羞始用蔬果。

述曰：祭天地祀宗社，必杀牲以备物，皇王以来用以为法，有国家者掌之为故，且不敢有所议也。夫司天地之化，所以称上帝称皇天后土者，至圣至神也，乌有神圣而好杀牲牢之命，肯歆腥臊之食哉！由夫上古之俗茹毛饮血以是养己，必以是事神，朴陋之见，曾不知牲牢腥臭之为渎也。蒸民既粒俗不能变，圣贤教世师古法以著之礼经，于是后王遵而行之，莫或敢议其可不者。以养己，犹古不思事神之不当渎也。夫果于杀命不仁也，荐以腥臭不义也，以不仁不义为养己之旧习，尚当思有以节以求全好之心，岂于事天地祖宗之神灵，而欲以牲牢腥臭之物以渎之哉。自佛法东渐劝修斋戒，天帝尚知事佛，岂人事天而不知事佛乎。知所以事佛，则不当以牲牢渎天，为可信矣。惟梁有武皇魏有献文，敕郊庙祭祀不用牲牷，而易之以蔬面酒果，可谓违古而道。奉黍稷荐明水，是亦三代之祀法也，乌在乎牲牢腥臭之物哉！②

对于梁武帝宗庙祭祀皆用面蔬，《佛祖统纪》的作者志磐认为至圣至神的神是不会喜好杀牲牢之命，也不喜欢腥臊的牛羊之肉的。这只不过是人拿奉养自己的饮食喜好来奉养神明，实则是亵渎了神明。如今天地尚且

① （元）志磐编：《佛祖统纪》，《大正藏》第49册，第322页。

② 同上书，第349页。

知道事佛，人也应该事佛，事佛的话就不要用牲牢来亵渎天，而应该像梁武帝那样用面牲蔬果。

综上所述，对于郊庙之礼即祭祀天地祖宗中是否用牲，主要争论在于是遵循古代礼制必须用牲，哪怕只用一头，也不能不用，像梁武帝那样全然不用牲牢，会受到“奉先之礼太薄”孝心不够，以及“祖宗实不得血食”是社稷沦丧的不吉利的兆头。而梁武帝那样彻底贯彻佛教不杀生的慈悲教化，连天地祖宗的祭祀都不用牲，而改用面牲蔬果，在佛教徒看来是更懂得祭祀之道在于诚敬；聪明正直之神一来不好杀生，而且不喜欢腥臊的血食；杀生不仁，用血食祭祀不义，杀生堕入地狱，德薄祭厚，神也不会庇佑。

牛作为太牢，是祭祀中最常用也最贵重的祭品，是祭祀天地祖宗的礼制中不可或缺的贡品。统治者可以愍牛之物命，不忍其觳觫，而减少牲牢所用之数；也可以因为哀牛之耕稼之苦，不肯穷命事神，保护生产力，而减少牲牢之数。但若将不用牲牢坚决贯彻到底，连郊庙之祭都不杀牛的话，就会像梁武帝那样受到世俗的非议。梁武帝站在佛教慈悲戒杀的大乘菩萨道立场上贯彻到底，受到了佛教徒的推崇。

> 子贡欲去告朔之饩羊。子曰：“赐也！尔爱其羊，我爱其礼。”
>
> ——《论语・八佾》

郊庙祭祀是否去牲牷，就如子贡欲去告朔之饩羊，而孔子爱其礼而不去之。大部分帝王如同孔子“爱其礼”一样坚持郊庙祭祀用牲牢的礼制。

> 曰：“臣闻之胡龁曰，王坐于堂上，有牵牛而过堂下者，王见之，曰：‘牛何之？’对曰：‘将以衅钟。’王曰：‘舍之！吾不忍其觳觫，若无罪而就死地。’对曰：‘然则废衅钟与？’曰：‘何可废也？以羊易之！’不识有诸？”
>
> ——《孟子・梁惠王上》

绝大多数统治者有时候虽不忍牛之觳觫，除郊庙祭祀之外的其他群祀，也不尽废，而是用羊或者面牲蔬果替代，但礼仪不可废。孔子和梁惠王的观念影响了大多数统治者，但也只有梁武帝全盘接受并贯彻了佛教的礼，敢以面牲蔬果取代牲牢血食，这需要极大的勇气。禁止杀生包括禁止杀牛在郊庙之礼的改祭上可谓触到了中国传统礼制的底线，梁武帝的勇气之举也招来了诸多非议，成为我国封建时期空前绝后之事，也是禁止杀牛贯彻的触底时期。

第四节　民间祭祀杀牛的改化

淫祠就是不在国家祀典滥设的祠庙，属于民间愚昧的鬼神信仰，滥行祭祀就是淫祀。在国家与阶级产生以后，阶级状况映射到信仰领域，就会产生所谓淫祠的问题。《国语·楚语下》中颛顼命重、黎“绝地天通”传说：

> 昭王问于观射父曰：“《周书》所谓重、黎实使天地不通者，何也？若无然，民将能登天乎？”对曰：“非此之谓也。古者民神杂。……及少皞之衰也，九黎乱德，民神杂糅，不可方物。夫人作享，家为巫史，民匮于祀，而不知其福。烝享无度，民神同位。民渎齐盟，无严威。神狎民则，不蠲其为。嘉生不降，无物以享。祸灾荐臻，莫尽其气。颛顼受之，乃命南正重司天以属神，命火正黎司地以属民，使复旧常，无相侵渎，是谓绝地天通。其后三苗复九黎之德，尧复育重、黎之后，不忘旧者，使复典之。以至于夏、商，故重、黎氏世叙天地，而别其分主者也。”

观射父所说的天地相通是指民神杂糅，祭祀泛滥，家家可作巫史，人人能够通神。这样导致的情况就是严格限制了神灵祭祀活动，祭祀天地的神权只有君主有才有，而百姓不可擅自祭天地，两者不相侵渎。

这是历史上第一次对祭祀活动的规范，是统治阶级垄断了祭祀特权，反映着阶级对立的社会背景。

天子祭天地，祭四方，祭山川，祭五祀，岁遍。诸侯方祀，祭山川，祭五祀，岁遍。大夫祭五祀，岁遍。士祭其先。凡祭，有其废之莫敢举也，有其举之莫敢废也。非其所祭而祭之，名曰淫祀。淫祀无福。天子以牺牛，诸侯以肥牛，大夫以索牛，士以羊豕。支子不祭，祭必告于宗子。

——《礼记·曲礼下》

由《礼记》可知先秦时期祭祀就有尊卑之序，只有天地四方的权力只有天子才有，而如果“非其所祭而祭之”就是淫祀。不但所祭祀的神祇有阶级划分，祭礼所献牺牲也井然有序，不可悖乱僭越。

圣人立五礼以为民望，制五衰以别亲疏；和五声以导民气，合五味之调以察民情；正五色之位，成五谷之名，序五牲之先后贵贱。诸侯之祭，牲牛，曰太牢；大夫之祭，牲羊，曰少牢；士之祭，牲特豕，曰馈食；无禄者稷馈，稷馈者无尸，无尸者厌也；宗庙曰刍豢，山川曰牺牷，割列禳瘗，是有五牲。

——《大戴礼记·第五十八·曾子天圆》：

《大戴礼记》中指出“序五牲之先后贵贱”是为了区别诸侯、大夫、士的祭祀礼仪，不可乱序僭越。其中牛为太牢，是诸侯之祭，最不可僭越。第三节中已说诸多皇帝在国家祭典中不滥杀牛牲，损而又损，以至于只有祭祀圜丘、方泽、宗庙方用牲，杀牛做牲可谓很谨慎了。然而很多地方淫祠不仅滥行祭祀，而且滥杀牛牲。如《宋史·范师道传》中言：“县有张王庙，民岁祠神，杀牛数千，师道禁绝之。”由此一事可见杀牛之多。

会稽俗多淫祀，好卜筮。民常以牛祭神，百姓财产以之困匮，其自食牛肉而不以荐祠者，发病且死先为牛鸣，前后郡将莫敢禁。伦到官，移书属县，晓告百姓。其巫祝有依托鬼神诈怖愚民，皆案论之。有妄屠牛者，吏辄行罚。民初颇恐惧，或祝诅妄言，伦案之愈急，后遂断绝，百姓以安。

——《后汉书·第五伦传》①

会稽民用牛祭祀淫祠，财产因此而匮乏，巫祝还妄造故事说那些自己吃牛肉而不祭祀的人，先会作牛鸣然后发病死亡。第五伦对妄屠牛者进行处罚，最后断绝杀牛淫祀的风气。吴兴郡的项羽庙是南北朝时期有名的淫祀，在很长时期内受到信众杀牛祭祀，及至唐代狄仁杰废除淫祠时，将其作为重点来治理。《太平广记》卷三一五中有《狄仁杰檄》中劝项羽“固当匿魄东峰，收魂北极，岂合虚承庙食，广费牲牢”。

（孔季恭）为吴兴太守。先是，吴兴频丧太守，云项羽神为卞山王，居郡听事，二千石至，常避之。季恭居听事，竟无害也。

——《宋书·孔季恭传》②

泰始初，为吴兴太守。郡界有卞山，下有项羽庙，相承云羽多居郡听事，前往太守不敢上。惠明谓纲纪曰：“孔季恭尝为此郡，未闻有灾。”遂盛设筵榻接宾。数日，见一人长丈余，张弓挟矢向惠明，既而不见，因发背，旬日而卒。

——《南史·萧惠明传》③

吴兴有项羽神护郡听事，太守不得上。太守到郡，必须祀以轭下牛。安民奉佛法，不与神牛，著屐上听事。又于听上设八关斋。俄而牛死，葬庙侧，今呼为“李公牛冢”。及安民卒，世以神为祟。

——《南齐书·李安民传》④

惠基弟惠休，自吴兴太守征为右仆射。吴兴郡项羽神，旧酷烈。世人云：“惠休事神谨，故得美迁。”

——《南齐书·萧惠基传》⑤

① （宋）范晔撰：《后汉书》第5册，北京：中华书局，1974年，1397页。
② （梁）沈约撰：《宋书》第5册，北京：中华书局，1974年，第1532页。
③ （唐）李延寿撰：《南史》第2册，北京：中华书局，1975年，第499页。
④ （梁）萧子显撰：《南齐书》第2册，北京：中华书局，1972年，第508页。
⑤ 同上书，第812页。

> （萧琛）迁吴兴太守。郡有项羽庙，土民名为愤王，甚有灵验，遂于郡听事安施床幕为神座，公私请祷，前后二千石皆于厅拜词而避居他室。琛至，徙神还庙，处之不疑。又禁杀牛解祀，以脯代肉。
>
> ——《梁书·萧琛传》①

由上可知，吴兴郡的项羽神很酷烈，刘宋孔季恭上任之前，吴兴郡就有太守频频丧命，其神像就安在官署的大厅上，保护着官署。新到太守都要敬畏他，上任之时要将自己的牛祭祀他。若对他不敬重，就会遭致报复惩罚，如萧惠明；若对他侍奉而李安民因为信奉佛法，还能保佑官运，如萧惠休。李安民信奉佛教，并不将自己的牛给他，而且还在厅上设八关斋。最后李安民的牛很快死了，自己也病死任上，当时人以为是项羽神作祟加害。

八关斋即八关斋戒，是佛教为在家的男女信徒所制定的八条戒律，要遵守八条戒律，即：不杀生不偷盗、不邪淫、不妄语、不饮酒、不坐高广华丽之床、不著华鬘璎珞、不习歌舞伎乐、不食非时食。李安民在项羽神前设此八关斋戒不知是何用意，也许就有给项羽神授戒的意思，让他遵守这八条戒律而不杀生血食。此种情况佛教中之前也有，如《杂宝藏经》卷九“鬼子母失子缘”故事：

> 鬼子母者，是老鬼神王般阇迦妻，有子一万，皆有大力士之力。其最小子，字嫔伽罗。此鬼子母凶妖暴虐，杀人儿子，以自啖食。人民患之，仰告世尊。世尊尔时，即取其子嫔伽罗，盛着钵底。时鬼子母，周遍天下，七日之中，推求不得，愁忧懊恼，传闻他言，云佛世尊，有一切智。即至佛所，问儿所在。时佛答言：“汝有万子，唯失一子，何故苦恼愁忧而推觅耶？世间人民，或有一子，或五三子，而汝杀害。”鬼子母白佛言：“我今若得嫔伽罗者，终更不杀世人之子。”佛即使鬼子母见嫔伽罗在于钵下，尽其神力，不能得取，还求于佛。佛言：“汝今若能受三归五戒，尽寿不杀，当还汝子。”鬼子母即如佛

① （唐）姚思廉撰：《梁书》第2册，北京：中华书局，1973年，第379页。

勅，受于三归及以五戒。受持已讫，即还其子。佛言："汝好持戒，汝是迦叶佛时，羯腻王第七小女，大作功德，以不持戒故，受是鬼形。"①

佛祖为鬼子母授三皈五戒，其中五戒之首就是不杀生戒，鬼子母受戒之后就不能再杀生食人。梁武帝在《断杀绝宗庙牺牲诏》一文中在规定郊庙祭祀用面牲蔬果之后，对于其他山川诸祀又做出了规定：

其山川诸祀则否。乃勅有司曰："近以神实爱民，不责无识。所贵诚信，非尚血膋。凡有水旱之患，使归咎在上，不同牲牢，止告知而已，而万姓祈求谄黩为事。山川小祇，难期正直，晴雨或乖，容市民怨。愚夫滞习，难用理移。自今祈请报答，可如俗法所用，以身塞咎，事自依前。"②

梁武帝在诏书中认为神是聪明正直的，是爱民而不尚血腥的，而山川小祇则很难期望他们是聪明正直的，而百姓又很难用道理说服他们，只能由着他们仍按俗法进行祭祀。而到了《断酒肉文》诏书中又变得严格了：

弟子萧又复敬白：诸大德僧尼诸义学僧尼诸寺三官，北山蒋帝犹且去杀，若以不杀祈愿辄得上教，若以杀祈愿辄不得教。想今日大众已应闻知，弟子已勒诸庙祀及以百姓，凡诸群祀若有祈报者，皆不得荐生类，各尽诚心止修蔬供。蒋帝今日行菩萨道，诸出家人云何反食众生行诸魔行。一日北山为蒋帝斋，所以皆请菜食僧者，正以幽灵悉能鉴见。若不菜食僧作菜食往，将恐蒋帝恶贱佛法怪望弟子。是请法师当见此意③。

① （北魏）吉迦夜、昙曜译：《杂宝藏经》，《大正藏》第4册，第492页。
② （唐）道宣撰：《广弘明集》，《大正藏》第52册，第293页。
③ 同上书，第297页。

在《断酒肉文》中引用北山蒋帝行菩萨道而用斋供的实例，再次敕勒诸庙祀和百姓“凡诸群祀若有祈报者皆不得荐生类，各尽诚心止修蔬供”。此又将断杀生祭祀施行到群祀也就是一般民众信仰的神祇上了。此种授戒还有后来还有天台智者禅师为关王授戒，以及慈云遵式为白鹤授戒。《佛祖统纪》记载“开皇十二年，智者禅师于荆州当阳玉泉山为关王父子授戒。”①《释门正统》“遵式传”中：

> 五年复归故郡，境内淫祠，皆为考古正之，滥享者撤去。有白鹤庙者，民尤神之，竞以牲祭。师晓谕之，使改祭为斋。棹舟往彼，风涛遽作，意神所为，因向庙说佛戒杀之缘，其浪即平。寻与神授佛戒，绝其牲祭，且著文——并《野庙志》，与其神约，民至今依之②。

可见慈云遵式对白鹤神说佛戒杀之缘，并与神授佛戒，绝其牲祭，客观上对于淫祀杀牛祭祀的风气进行了遏制。

综上所述，佛教信徒以佛教不杀生的教义来审视民间淫祀祭祀中的牲祭，通过像梁武帝这样的菩萨皇帝颁布诏命，劝导民众用面牲蔬果祭祀群祀，以及像天台智者和慈云遵式这样的高僧对民间淫祀牲祭之风进行晓谕，并与神授戒，绝其牲祭。佛教徒对不杀生教义的践行弘化对于民间淫祀牲祭之风产生了一定的影响，客观上可保护牛，保护了生产力。

第五节　禁止屠牛食牛的传统

牛之被杀除祭祀需要之外，还有肉食所用，而肉食所用之牛应比祭祀所杀更多。历代统治者间有颁布诏令、制定法律对杀牛食肉进行限制和禁止的。宋代吴曾《能改斋漫录》卷二“禁杀牛”记有：

---

① （元）志磐撰：《佛祖统纪》，《大正藏》第49册，第247页下。

② （宋）宗鑑著：《释门正统》，《卍续藏》第75册，第319页下。

《南史》曰："梁傅昭性尤笃谨，子妇家常得饷牛肉以进昭，昭召其子曰：食之则犯法，告之则不可。取而埋之。"乃知牛之禁杀，自梁已然矣。

吴曾以这条说牛之禁杀自梁已然，考据不确，更早之前已有禁杀牛之记载。《幽明录》"终祚道人"记有"时桓玄在南州，禁杀牛甚急。终祚载数万钱，窃买牛皮，还东货之，得二十万"①。桓玄（369—404）为东晋时人，比梁傅昭事更早。《南齐书》记永明元年王宽"坐于宅杀牛，免官"②。《梁书》"（谢朏）子谖，官至司徒右长史，坐杀牛免官，卒于家。"③ 唐玄宗时曾颁布《禁屠杀马牛驴诏》：

自古见其生不食其肉，资其力必报其功。马牛驴皆能任重致远，济人使用，先有处分，不令宰杀。如闻比来尚未全断，郡牧之内，此弊尤多。自今以后，非祠祭所须，更不得进献牛马驴肉。其王公以下，及天下诸州诸军，宴设及监牧，皆不得辄有杀害。仍令州县及监牧使诸军长官切加禁断，兼委御史随事纠弹④。

这篇诏文规定"自今以后，非祠祭所须，更不得进献牛马驴肉"。更明文规定"其王公以下，及天下诸州诸军，宴设及监牧，皆不得辄有杀害"。主要是针对王公以下的人不可因宴设饮食而杀牛，着重于管控人的口腹之欲，保证牛力，经济目的较为明显。

《旧五代史》中记有："（天佑十九年）夏四月己巳，帝升坛，祭告昊天上帝，遂即皇帝位，文武臣僚称贺。礼毕，御应天门宣制：改天佑二十年为同光元年，大赦天下，自四月二十五日昧爽以前，除十恶五逆、放火行劫、持杖杀人、官典犯赃、屠牛铸钱、合造毒药外，罪无轻重，咸赦除之。"值朝廷大赦之际，屠牛罪都不在大赦范围之内，可见屠牛入法典之

① （南朝宋）刘义庆著：《幽明录》，北京：文化艺术出版社，1988年，第82页。
② （梁）萧子显撰：《南齐书》第2册，北京：中华书局，1972年，第510页。
③ （唐）姚思廉撰：《梁书》第1册，北京：中华书局，1973年，第379页。
④ （清）董浩等编：《全唐文》，北京：中华书局，1983年，第312页。

中罪之重也。

编订于北宋初年的《宋刑统》中，有“诸侯杀官私牛者，徒一年半”，“主自杀牛马者徒一年”，“臣等参详，今后应有盗官私马牛杂畜而杀之，或因仇嫌憎嫉而潜行屠杀者，请并为盗杀。如盗杀马牛，头首即死，从者减一等……如有盗割牛鼻，盗斫牛脚者，首处死，从者减一等，创合可用者，并减一等。如盗割盗斫至三头者，虽创合可用，头首不在减死之限”①的条文。到了南宋，“诸故杀官私马牛徒三年”，刑罚依然很重。虽有严刑峻法保护耕牛，但因牛肉贸易的高利润性，还是有很多人不顾重刑，冒死屠牛贩肉。宋徽宗大观年间屠牛取利者所在有之，为保证农业所需畜力，仍需想法设法调控限制屠牛现象。

> 大观四年三月二十七日，臣僚言：伏见无知之民，日以屠牛取利者，所在有之，比年朝廷虽增严法度，然亦未能止绝。盖一牛之价不过五、六千，一牛之肉不下三、二百斤，每斤价直需百钱，利入厚。故人多贪利不顾重刑。臣窃谓：力田为生民之本，牛具为力田之本，若不禁止屠牛而观稼穑丰登，民事富足，诚不可得。况太牢唯祀天与祖宗，祭神亦不敢用，今贪利之民计会上下，只作病牛倒死申官披剥，因缘屠不畏官司，肉积几案，罗列市肆，冒法而不为禁，啖食而不知忌。如此非所宜崇神祇，申严命令伏望特下有司立法，凡例死牛肉每斤价值不得过二十文，如辄敢增添者，约定刑名，其买卖人并同罪，许人告捉。肉既价贱，则卖者无利，虽不严禁增赏，自绝其弊。诏诰获牛赏依元丰格，并见行断罪，并令刑部检坐申明行下，常切遵守施行②。

由上文可知，市场上正常牛肉的来源是自死或病死的牛，还需要经过官府审批同意，才可以屠宰贩卖。但实际上淫祀祭神用牛的现象也很多，如《宋史·黄震传》中：

---

① （宋）窦仪等著，吴翊如点校：《宋刑统》，北京：中华书局，1984年，第299页。
② （清）徐松辑：《宋会要辑稿》，北京：中华书局，1957年，第6522页。

郡有祠山庙，岁合江、淮之民祷祈者数十万，其牲皆用牛。郡恶少挟兵刃舞牲迎神为常，斗争致犯法。其俗又有自婴桎梏、自拷掠以徼福者。震见，问之，乃兵卒。责自状其罪，卒曰："本无罪。"震曰："尔罪多，不敢对人言，特告神以免罪耳。"杖之示众。又其俗有所谓埋藏会者，为坎于庭，深、广皆五尺，以所祭牛及器皿数百纳其中，覆以牛革，封鐍一夕，明发视之，失所在。震以为妖，而杀牛淫祀非法，言之诸司，禁绝之①。

传中直言"杀牛淫祀非法"，但却仍然存在杀牛祭祀的现象，往往是人亡政息，法禁不严。另外屠牛取利所在有之的现象也是真的。《宋会要·刑法志》记载宋真宗大中祥符七年（1014），初司勋员外郎孔宗闵进言："浙民以牛肉为上味，不逞之辈，競於屠杀，事发即逮捕滋广，请释不问罪。"宋代南方是民间牧牛业发达的地区，屠牛业最为兴盛，尤其是两浙一带。

李田者，台州仙居人。其子某梦人推一车过门，满载皆书卷，问："何等文书？"曰："他年南省及第人姓名也。"揖而求借观，许之，遍阅无已名，独有李遂夫者。车人指曰："是尔姓名乎？"漫应曰："然。"其人曰："此一乡皆食牛，而尔家三世独不食，当父子皆登科。"既觉，亟更名遂夫，果与父相继擢第②。

如上所言，台州仙居某乡"一乡皆食牛"，不食之家稀有，可见当地食牛肉之风炽盛。食牛肉之风炽盛，那屠牛的人也会很多。如："饶州乐平县白石村民董白额者，以侩牛为业，所杀不胜纪。③"饶州在江西省东北部，董白额"以侩牛为业，所杀不胜纪"，而且是屠杀活牛，可见当时屠

① （元）脱脱等撰：《宋史》第37册，北京：中华书局，1977年，第12 992～12 993页。

② （宋）洪迈著：《夷坚志》，北京：中华书局，1981年，第1578～1579页。

③ 同上书，第1579页。

牛获利的人也所在皆是。

婺源毕村皆一姓，所居有毕应者，专意屠牛。每与人夸说，所杀至千头矣，死后须得做牛头王。渐老，不能操刀，而闻他处宰剥必往观之，喜见颜色，盖其天性嗜杀致然①。

毕应专意屠牛，所杀至千头，又好观人杀牛，可见婺源当地屠牛之风没有法令和有司禁止。

综上可见，虽然宋朝政府颁布法令严刑禁止私自屠牛获利，但这种情况仍然大量存在。牛作为重要的畜力，是农业所急需的资源，法律若不能保护好耕牛，那么与市民息息相关的宗教就会发挥它的作用。其中佛教尤以不杀生为首戒，在宋代佛教信仰也已具有深广的社会基础，那么佛教说教就不可规避地要对杀牛之事予以训诫劝导。而佛教之说教大致遵循几个套路：

一是因果报应思想。《涅槃经》讲："业有三报，一现报，现作善恶之报，现受苦乐之报；二生报，或前生作业今生报，或今生作业来生报；三速报，眼前作业，目下受报。"人所做的一切行为都会产生后果，善有善报，恶有恶报。杀生包括杀牛都是杀业，罪果很重。如《夷坚志》中董白额故事：

饶州乐平县白石村民董白额者，以侩牛为业，所杀不胜纪。绍兴二十三年秋得疾，每发时，须人以绳系其首及手足于柱间，以杖痛捶之，方欣然忘其病之在体，如是七日方死。董平生杀牛，正用此法，其死也，与牛死无少异云。

董白额杀牛为业，所杀无数，后来发病，死状如同他平生杀牛的样式，让人一目了然，知道是他杀牛应受的报应。此类故事很多，兹不多举。

---

① （宋）洪迈著：《夷坚志》，北京：中华书局，1981年，第1430页。

二是六道轮回观念。佛教认为人死之后仍会因自己所造业因轮回六道之中，其中包括畜生道，人可能来世会变为牛羊等牲畜，而自己的过世的六亲也可能变成牲畜而被自己屠宰食用。如梁代宝志和尚的偈子：

古古怪，怪怪古，孙孙娶祖母；女食母之肉，子打父皮鼓；

猪羊炕上坐，六亲锅里煮；众人来贺喜，我看真是苦。

此一偈子从佛教六道轮回观念道出了人道和畜生道之间的轮回关系，锅里煮的肉可能就是六亲轮回成的。

晋时杜永年，家巨富。有子十岁暴亡，未几家中母彘生五子，一最肥，将杀以馈官。有比丘见之，谓杜曰："此豚是君儿也，何相去百日而遂亡耶?"沙门一言而去，其家但闻异香扑鼻，遂怜而养之①。

佛教常以此种六道轮回六亲抑或在其中的说教来劝人莫杀生食肉，此种故事对于禁止杀牛同样有用。

三是佛菩萨显圣说法。世俗之人不信佛法，不信杀生有恶报等说法，便滥行杀业。若佛菩萨等在杀生食肉者面前显圣，便能让其对佛法生信，放下屠刀戒绝肉食。如"牛舍利塔"故事：

恩州民张氏以屠牛致富。一牛临命，跪膝若有请。张不肯释，杀之。将取其肝食，血筒处忽然水珠迸出，色如水银而圆，大小不等。张甚惊尚，疑是牛黄，始置未食，乃烹肉就货，乃不能切，皆有圆珠如石满其中，皮肉胃脏尽然，始知舍利也。张即日罢业，舄从来所弃牛骨并舍利，作一塔葬之②。

恩州民屠牛致富，直到见到牛舍利这种异象才罢业，不再从事杀牛营

① （清）程兆鸾撰：《莲修起信录》，《卍续藏》第62册，第709页。

② （宋）洪迈著：《夷坚志》，北京：中华书局，1981年，第673页。

生。此故事和唐文宗“蛤蜊观音”故事相似：

> 上尝谓近臣曰：“天下有无补教化而蠹食于国者，卿等可悉言之。”有对者曰：“祖宗已来广行佛教，缁徒益多，兹为蠹物耳。”上即勅中外罢缁徒讲说佛经。会尚食厨羞御膳烹鸡子，忽闻鼎中有声极微。听之乃群卵呼观世音菩萨，凄怆之甚。监宰以闻，帝遣验之果然。帝叹曰：“吾不知佛道神力乃能若是。”勅自今不得用鸡子。又一日食蛤蜊，有擘不开者，焚香祷之，俄变为大士形。帝召终南山惟政禅师问之，师曰：“夫物无虚应，此盖广陛下信心耳。经云：应以此身得度者，即现此身而为说法。”帝曰：“大士以现未闻说法。”师曰：“陛下覩此，为常为非常，为信为非信?”帝曰：“希有之事焉得不信。”师曰：“已说法竟。”帝大悦，即诏天下寺院立观音像。勅师住圣寿寺①。

唐文宗经过“群卵呼观世音”之事后，不再使用鸡蛋；经过“蛤蜊观音”希有之事后于佛法生信。正是通过这种宗教显圣事件，使士民于佛法生信，于不杀生更是信而行之，直接促使着民众践行不杀生的教旨。

综上所述，佛教通过宣扬杀生的因果报应思想，以及六道轮回六亲或在其中的现实，乃至宣传佛菩萨圣显于杀生食肉者面前的故事，引导民众于佛法生信，遵行不杀生之戒，批评社会上杀牛食肉的现实，起到了保护耕牛的作用。最后以《劝杀牛歌》作为例，可看出劝杀牛思想中的各种观点：

> 我劝世人，勿食牛肉。服耕效劳，反遭杀戮。尔食何来，忍为烹鬻。吁嗟此牛，莫云是畜。六道轮回，互相报复。焉知夙生，非尔眷属。岂谓无知，临死觳觫。口不能言，流泪若哭。皮解体分，犹张两目。目匪徒张，看尔反复。能保他年，不变为犊。念我同生，贪饞纵欲。只爱口甜，不思中毒。有饭充饥，得蔬已足。适口物多，何必牛

① （元）志磐撰：《佛祖统纪》，《大正藏》第49册，第385页。

肉。鉴戒甚明，勿食是福。

文中“六道轮回，互相报复。焉知夙生，非尔眷属”正是佛教所讲六道轮回六亲或在其中的思想。中国古来已有劝诫杀牛食牛的传统，而佛教以其不杀生、因果报应、六道轮回思想对中国的禁止杀牛传统产生了巨大影响，不仅出现了像梁武帝这样因为信仰佛教而对国家祭祀进行彻底改祭的事件，还对民间信仰的祭祀行为产生了影响，并对国人的饮食习惯产生了影响。佛教之戒杀生思想与中国固有之禁止杀牛传统相结合，方才形成了如此广泛丰富的文化现象。汤用彤在研究佛教史探索文化融合规律后指出，外来文化与本土文化相接触时其影响是双向的，一方面外来文化会给本土文化注入新的因子，另一方面外来文化则需适应本土文化，以解决其生存问题。佛教对中国禁止杀牛传统的影响正符合汤用彤先生的观点。佛教的不杀生与中国的仁慈爱物思想相适应，也适应了封建农耕社会保护牛力的经济目的，而“六道轮回六亲或在其中”的思想无疑是注入了新的文化因子，丰富了禁止杀牛的理论根据，而佛教又以其“圣显”的神圣资源如牛舍利等对禁止杀牛起到了宣传作用，中国禁止杀牛的文化现象亦因佛教因子的加入而变得更加丰富。

第二章 论《文昌帝君阴骘文》宋郊救蚁故事

道教善书是指以《太上感应篇》为发端而产生的一批道教劝善经书，包括《文昌帝君阴骘文》、《太微仙君功过格》、《关圣帝君觉世真经》、《文昌帝君蕉窗圣训》等。这些善书大多以“劝善止恶”为旨归，具有很强的道德伦理色彩，这一特征已为诸多学者之共识。

道教善书是三教融合的产物，儒释道三教在宣扬伦理教化各有所长，儒教以仁义忠孝为核心，佛教以因果报应为核心，道教以敬畏鬼神为核心。《文昌帝君阴骘文》教导人民“忠主孝亲，敬兄信友。各睦夫妇，教训子孙。毋慢师长，毋侮圣言”是儒教特色的说教；“或买物而放生，或持斋而戒杀”、“勿妒人之技能，勿淫人之妻女，勿唆人之争讼，勿坏人之名利”这是佛教特色的说教；“禁火莫烧山林”、“勿登山而网禽鸟，勿临水而毒鱼虾”这是道教生态伦理层面的说教。《文昌帝君阴骘文》中明确以文昌帝君的口吻昭示“或奉真朝斗，或拜佛念经。报答四恩，广行三教”，显然是三教兼修的代表人物。由此可见道教善书是兼容三教思想的劝善书，其受佛教思想之影响也十分明显。兹以《文昌帝君阴骘文》中“救蚁中状元之选”故事为例，分析此则故事的佛经文学渊源和佛教思想特征，以说明《文昌帝君阴骘文》中的佛教特征。

第一节 “救蚁中状元之选”故事文本源流考证

《文昌帝君阴骘文》成书年代不详，作者不详。《道藏辑要》星集所收清代朱珪校订的《阴骘文注》认为“《阴骘》有宋郊之事，当作于宋代”，这属于内证法。李刚先生以为“此文仿效《太上感应篇》并在内容上作了补充，是继《感应篇》产生后不太久问世的道教劝善书，至迟不会晚于元代，作者是道士。从与劝善书并行的儒家劝世文如《名贤集》、《增广昔时贤文》等看，士大夫所作一般都是借圣贤先哲之口训导世人，《阴骘文》则很显然是道流作文惯用的手法：道士隐身背后，假托道教某神说法。由于史料不足，此文作者究为何人，所作的具体年代，难以下断论”①。

现存文献考证可知，宋郊救蚁故事最早见于宋朝陈正敏《遁斋闲览》中，原书已佚。《遁斋闲览》在《郡斋读书志》中著录于子类小说类，《直斋书录解题》在《剑溪野语》条下注称陈“别有《遁斋闲览》十四卷，未见”；《宋史·艺文志》著录于子类小说家类。据《郡斋读书志》，是书当成于崇观（1102—1110）间。虽然原书已佚失，但其中的一些内容还散见于后人文集中，宋郊救蚁这个故事最早见收辑于曾慥的《类说》卷四十七。曾慥生活在两宋之际，其《类说》成书于南宋绍兴六年。我们先来看一下《类说》中的宋郊故事原貌：

编竹桥救蚁

二宋少，有胡僧曰：“小宋他日当魁天下，大宋亦不在其下。”后十余年，僧惊谓大宋曰：“公丰神顿异，如能救活数百万命者。”答曰：“贫儒何力及此？”僧曰：“试记之。”宋曰：“堂下比有蚁穴为暴雨所漂，群蚁缭绕穴傍。吾戏编竹桥以渡之。”僧曰：“是也。小宋今岁首捷，公终不出其下。”比唱第，小宋果中魁选。章宪后临朝，谓弟不可先兄，乃以大宋为第一，小宋为第十②。

由上文故事情节可知，胡僧第一次预测宋祁能夺魁，而宋郊不在其下，宋郊能排在状元之前，这种情况是令人费解的；十多年后，因为宋郊

① 李刚：《〈文昌帝君阴骘文〉试析》，《宗教学研究》，1987年第3期。

② （宋）曾慥：《类说》卷四十七，《北京图书馆古籍珍本丛刊·子部·杂家类·类说》，北京：书目文献出版社，1988年，第798页。

救过蚂蚁，胡僧再次预测宋祁今年能中状元，而宋郊仍在宋祁这个状元之上。单是从两次预测而言，并没有什么变化，变化的只是宋郊“丰神顿异”，在这里宋郊宋祁在科举上的命运并未因宋郊救了数百万蚂蚁而有所变化。可以说《类说》中的宋郊能中状元与其救蚁的善行并无直接关系，但在后来的故事文本中就变了味道。成书年代不详的却不晚于元代的《文昌帝君阴骘文》中就说“救蚁中状元之选”，显然是将宋郊中状元的原因归因于其救蚁的善行，与《类说》中原文本的故事内涵已经不同。

明末《净土资粮全集》中有《莲池大师戒杀放生文》，其中莲池大师说“一活蚁也，沙弥易短命为长年，书生易卑名为上第”，并援引宋郊活蚁的故事如下：

> 宋郊、宋祁兄弟也，俱应试。郊尝见群蚁为水所浸，编竹桥渡之，蚁得不死。时有胡僧睹其面，惊曰：“公似曾活数百万命者。”郊以活蚁对。僧曰：“是已。公弟当大魁多士，然公亦不出弟下。”后唱名，祈果首选。朝廷谓不可以弟先兄，改祁第十，以郊为第一也①。

比较这两个故事，发现仍然有很多相似之处，只是去除了《类说》故事中胡僧对宋郊的第一次预测，使得“易卑名为上第”的结论从情理上说得通。

下面举一个流传于清朝《关圣帝君百签诗诗解》第六十签“宋郊兄弟同登科”签文中之典故：

> 宋宋郊，弟祁，雍邱人，天圣初与弟同举进士。未第时，有僧相之云：“小宋大魁天下，大宋亦不失科甲。”后数日僧见郊，异之曰：“君何满面阴骘纹，似救数万生命者。”郊曰：“惟前日见蚁被水淹，戏将竹编桥渡之。”僧曰：“即此便是，当大魁天下。”后有章献太后不欲以弟先兄之事，果如此也。

---

① （明）庄广还辑：《净土资粮全集》，《卍续藏》第61册，第576页下。

此则故事中的僧人是通过面相来预测的，僧人也未像原先的故事文本说是胡僧第一次的预言竟变成了“大宋亦不失科甲”，第二次的预言从“不失科甲”到“大魁天下”，救蚁之阴德何其大也。

清初居士周安士所作著述《安士全书·文昌帝君阴骘文广义节录》中又有关于“救蚁中状元之选”故事的论述：

> 宋郊一事，人以其功小报大，辄疑之，不知此特以蚁视蚁、以状元视状元耳。若论究竟，则当日所救之蚁，不下数万。后世感恩图报者，亦不下数万，岂一状元可竟其福乎？若乎状元，不过身外虚名耳，三寸气断，安在其为状元也？反谓报之太奢，过矣①。

在周安士看来救活数万之蚁命的福德远不是中状元就可以耗尽的，状元不过是身外的虚名，宋郊因救蚁而中状元的报应并不算太过分。

由以上几个故事文本可知，宋郊因其救蚁的阴德而获得中状元的福报，其中救蚁的功德是被逐渐的放大的，《类说》中不过是中状元提早了，到《关圣帝君百签诗诗解》所引典故已变成从“不失科甲”到“大中魁选”，真正的做到了“易卑名为高第”。救蚁之阴德愈说愈大，甚至中状元之选也不能“竟其福”，这种以功名利欲来勾牵教化世人的方式也用到了极致。

第二节　宋郊救蚁故事与沙弥救蚁故事之比较分析

蚂蚁在中国古人的日常生活中很常见，有关蚂蚁的故事各个国家很多，但就“宋郊救蚁”故事而言，其内容中的因果报应思想与佛经文学中“沙弥救蚁”故事十分相似，而与蚂蚁报恩故事有一定差异性。此节将主要就沙弥救蚁故事与宋郊救蚁故事做比较研究，顺便与董昭之救蚁故事做简单比较。

① （清）周梦颜撰辑：《安士全书》，佛学推行社，1922年。

(1) 沙弥易短命为长年，书生易卑名为上第

《莲池大师戒杀放生文》中举了很多古圣先贤的戒杀放生的事例，“古圣行仁，解网著于成汤；畜鱼兴于子产。圣哉流水，润枯槁以囊泉；悲矣释迦，代危亡而割肉。天台智者，凿放生之池；大树仙人，护栖身之乌。赎鱼虾而得度，寿禅师之遗爱犹存；救龙子而传方，孙真人之慈风未泯。”① 这里面既有成汤、子产这样的先贤，也有流水长者、释迦佛、天台智者、永明延寿这样的佛教人物，还有孙思邈真人、许逊真人这样道教人物，可见其为融通三教劝善止杀而不遗余力寻求模范榜样人物。

南宋后期持“三教调和论”的刘谧在《三教平心论》中曰：“若曰杀生之戒非是，则成汤之祝网，赵简子之放生，皆是意也。齐宣不忍一牛，孟子谓之仁术；宋郊救诸蝼蚁，君子以为美谈。儒家曷尝不以护生为盛德之事哉。”② 俨然也是将宋郊作为儒门中戒杀放生的典范。宋郊作为书生属于儒门名人，曾连中三元，这在古代科举史上是不多见的，大宋小宋兄弟同科中举也常被后人称引。拿这样一位知名的儒门人物来作戒杀护生的典范人物，是有很实际的宣传效用的。

《莲池大师戒杀放生文》中说到“一活蚁也，沙弥易短命为长年，书生易卑名为上第”，将沙弥救蚁和宋郊救蚁两者并举实在是再正常不过。但细究一下就会发现，沙弥救蚁和宋郊救蚁的故事文本确实有很多形神相似之处。翻译于北魏时期的《杂宝藏经》卷四中的“沙弥救蚁子水灾得长命报缘”故事：

> 昔者，有一罗汉道人，畜一沙弥。知此沙弥却后七日必当命终，与假归家，至七日头，敕使还来。沙弥辞师，即便归去。于其道中，见众蚁子，随水漂流，命将欲绝，生慈悲心。自脱袈裟，盛土堰水，而取蚁子，置高燥处，遂悉得活。至七日头，还归师所。师甚怪之，寻即入定，以天眼观，知其更无余福得尔，以救蚁子因缘之故，七日

① （明）庄广还辑：《净土资粮全集》，《卍续藏》第61册，第576页。

② （清）弘赞在犙辑：《六道集》，《卍续藏》第88册，第120页。

不死，得延命长①。

又有梁朝僧人宝唱等集的《经律异相》卷二十二有“沙弥救蚁延寿精进得道四”故事：

> 昔有小国，去城不远有好林薮，有五道士于中学道，有一比丘得六神通，有父母谓吾，看视不快，使其命终，心怀怨恨。即语沙弥：“汝父母思汝，汝可归家八日早来。”沙弥欢喜稽首而去。道逢大雨流潦滂沛，地有蚁孔流水欲入。沙弥念曰：“我佛弟子，一者慈心，二者活生。”即便土壅决水令去。沙弥归家无有他变，八日晨还。师遥见之，怪其所以，七日应亡，今何因缘，将无鬼神化现来乎。即入三昧，见其救蚁，现世延寿。沙弥至，稽首作礼于一面坐。师谓言：“汝作大功德。为自知不?”沙弥言：“七日在家无他功德。”师言：“汝命应尽，昨日以救蚁故，现世增寿八十余年。”沙弥欢喜，信善有报，即更勤修，精进不懈，得阿罗汉。（出《福报经》又出十卷《譬喻经》第七卷）②

《杂宝藏经》和《经律异相》中的两则故事相差不大，但若与曾慥《类说》中所辑《遁斋闲览》宋郊“编竹桥救蚁”故事相比较，会发现沙弥救蚁故事和宋郊救蚁故事有很多相似之处。兹以《杂宝藏经》和《类说》的故事文本做比较：

第一，人物设定上有相似之处。两则故事中都有一个能够预言未来的僧人：沙弥救蚁故事中的罗汉道人有六神通，可以预测小沙弥的寿命，还可用天眼通看到因果；宋郊救蚁故事中的胡僧可以通过相面来预言大宋和小宋的功名如何。另外就是两则故事中都有一个被预言人——沙弥和宋郊。

第二，叙事情节的设置上有相似之处，第一次预言过后都有让预言者

① （北魏）吉迦夜、昙曜译：《杂宝藏经》，《大正藏》第4册，第468页下。

② （南朝梁）僧旻、宝唱等集：《经律异相》，《大正藏》第53册，第119页上。

惊异的情节出现。沙弥本来七日后该死的，但八日后居然回来了；宋郊突然面相上丰神顿异，像是救活过活百万条性命的人。两人都因救蚁于水患之中，而各自获得很大的福报，一者延命，一者马上得中魁选。

由以上两条相似之处可见，宋郊救蚁故事似乎是从沙弥救蚁故事文本中脱胎换骨演绎出来的。佛经文学对中国本土文学的影响巨大，特别是《六度集经》《杂宝藏经》《经律异相》等佛教经典，具有故事性很强的特征，具备了小说的特征，六朝时期的志怪小说也受到这些佛教经典的巨大影响。

佛教讲戒杀发生爱惜生命乃至于蚁子，甚至喝水的时候也要念经超度水中的八万四千微虫。《大方便佛报恩经卷》卷二有言："如我不喜死，一切三界二十五有，有形无形，四足多足，乃至蚁子，有命之属，亦复如是。是故菩萨乃至自丧身命，终不枉夺他命。"① 这种无微不至为法忘身的护生特征是中国本土"斧斤以时入山林"、"网开一面"的生态伦理所没有的。

不管从故事文本叙事的相似性，还是从故事中的护生对象乃至蚁子的特征，都可以看出宋郊救蚁故事对沙弥救蚁故事的模仿，宋郊故事中有很深的佛教印迹。

在《莲池大师戒杀放生文》后引用的故事更是将两个故事改编的更加相似：

活蚁

昔有沙弥侍一尊宿，尊宿知其命尽，令还家省母。嘱云："七日当返。"欲其终于家也。七日返，师怪之，入三昧勘其事，乃还家时，见群蚁困水中。作桥渡之，蚁得不死，由此高寿。

宋郊宋祁兄弟也，俱应试。郊尝见群蚁为水所浸，编竹桥渡之，蚁得不死。时有胡僧睹其面，惊曰："公似曾活数百万命者。"郊以活蚁对。僧曰："是已，公弟当大魁多士，然公亦不出弟下。"后唱名，

① （东汉）失译人名：《大方便佛报恩经》，《大正藏》第3册，第131页上。

祈果首选。朝廷谓不可以弟先兄，改祁第十，以郊为第一也①。

在这个沙弥救蚁的故事版本中，连沙弥救蚁的方式也变成了“作桥渡之”，这又是本土故事对印度佛教故事的影响，更可见这两则故事之相似性。

（2）宋郊救蚁与董昭之救蚁故事比较

中国古代以蚂蚁为题材的故事也有不少，比如淳于棼于大槐安国“南柯一梦”，而与救蚁得报相关的最典型的就是董昭救蚁故事。这则故事最早见于南朝刘宋东阳无疑《齐谐记》中，收录于《太平广记》卷第四百七十三“昆虫”部中：

乌衣人

吴富阳县有董昭之者，曾乘船过钱塘江。江中见一蚁著一短芦，遑遽畏死，因以绳系芦著舡。船至岸，蚁得出。其夜，梦一乌衣人谢云：“仆是蚁中之王也，感君见济之恩，君后有急难，当相告语。”历十余年，时所在劫盗，昭之被横录为劫主，系余姚。昭之忽思蚁王之梦。结念之际，同被禁者问之，昭之具以实告，其人曰：“但取三两蚁著掌中语之。”昭之如其言，夜果梦乌衣云：“可急投余杭山中。天下既乱，赦令不久（久原作及，据明抄本改）也。”既寤，蚁啮械已尽，因得出狱，过江，投余杭山。旋遇赦，遂得无他。（出《齐谐记》）②

董昭之救蚁的故事属于典型的动物报恩类的灵异志怪故事，中国和印度都早已有动物报恩的故事类型，董昭之救蚁故事不能算是佛教特色的故事。这则故事中的蚂蚁是蚁王，本就有神异色彩，被董昭之救于江水之中，然后感恩图报于董昭之，帮助董昭之逃脱劫难。

---

① （明）庄广还辑：《净土资粮全集》，《卍续藏》第61册，第577页下。

② （宋）李昉等辑：《太平广记》卷第四百七十三，上海：上海古籍出版社，1990年，第3894～3895页。

董昭之救蚁故事可以说是很直白的报恩故事，与宋郊救蚁这样的报应故事是不同的。动物报恩固然可以说是报应的一种，但宋郊救蚁故事的特异性更显出其受佛教思想影响的特征。

第三节 《文昌帝君阴骘文》中的思想特征

中国传统文化中有着相当丰富的报应思想，如《尚书・汤誓》有“有夏多罪，天命殛之”。天冥冥之中主宰着下界的一切，有司判的权力。上自易朝更代的政治变迁，下到芸芸众生的生死福祸，莫不有意于世间。但上天之赏罚不是任意的，它视人的行为而定。此即《左传》“襄公二十三年”中说的“福祸无门，惟人自召”的“吉凶由人”的思想。人们若想得福避祸，一定要行善戒恶，以敬天意，顺天道①。

《文昌帝君阴骘文》中说到“广行阴骘，上格苍穹。人能如我存心，天必赐汝以福”，正是对《尚书・商书・伊训》中“惟上帝不常，作善降之百祚，作不善降之百殃”这种传统报应思想的继承。《阴骘文》中“救蚁中状元之选，埋蛇享宰相之荣”将宋郊与孙叔敖故事并举，孙叔敖德行虽高，但因其杀蛇的缘故，不能作为戒杀放生的典范，《莲池大师戒杀放生文》中也避而不提他，而在《阴骘文》这种三教融合的经典中却能够包容他。贾谊《新书・春秋》中有孙叔敖埋蛇之故事：

> 孙叔敖为婴儿时，出游，见两头蛇，杀而埋之。归而泣。其母问其故，叔敖对曰：“闻见两头之蛇者死，向者吾见之，恐去母而死也。”其母曰：“蛇今安在?”曰：“恐他人又见，杀而埋之矣。”其母曰：“吾闻有阴德者天报以福，汝不死也。”及长，为楚令尹，未治而国人信其仁也②。

---

① 罗颢：《传统报应说与佛教因果报应理论比观》，《法音》，1990年09期。
② （西汉）贾谊：《新书》，北京：商务印书馆，1929年，第51页。

故事中孙叔敖其母说“有阴德者天报以福”也是中国传统报应思想，与《阴骘文》中“人能如我存心，天必赐汝以福”如出一辙。

如前文所讲，宋郊救蚁从故事文本的叙事风格和主题取材上都有着佛教的印迹，其背后必然蕴含着佛教的因果报应思想。佛教的因果报应思想是印度佛教理论的核心，它与十二缘起、三世流转、六道轮回等学说一起构成一套相对独立的佛教神学教义，其大致内容为：世间万物皆由因缘合和而生成，一种事物总会与其他事物构成因果关系，一定的原因总会引起相应的结果，任何结果必然有其一定的原因，可谓“已作不失，未作不得晌”。同样，人的一切意识和行为也即“业”（或“行业”）都有善、恶或中性之分，善业和恶业都会得到相应的果报，而人们对此常浑然无知，只是一味地贪恋人生、贪图享受，结果堕入五道轮回中生死流转，不断造业，又不断遭致其业行的果报，如此循环往复，永无终期。慧远在其《三报论》《明报应论》等著述中，对此作了全面的阐述，并概括提炼其中的人有“三业”（身业、口业、意业）、业有“三报”（现报、生报、后报）、生有“三世”（去世、今世、来世）等观点作为自己因果报应学说的基本框架，在此基础上，又进行了大力充实和发展①。《阴骘文》中文昌帝君自述“吾一十七世为士大夫身”明显可见是佛教之轮回思想。

在《文昌帝君阴骘文》将佛教因果报应学说和中国传统报应思想兼收并蓄，形成了三教融合的风格，后世的注解也是儒释道杂糅式的。《文昌帝君阴骘文广义节录》中，在发明“救蚁中状元之选”之后又征事两则，一则为“救蚁延龄”（出自《福报经》），另一则为“蚁王报德”（出自《古史谈苑》），实际上就是沙弥救蚁和董昭之救蚁两则故事。在“救蚁延龄”下按语“人之寿夭，有定有不定，颜渊之死，伯牛之亡，此受决定果也；文王之百岁，武王之九十，此受未定果也。天人之遇小五衰、大五衰，亦然。又以四天下言之，三洲多有未定果，唯北俱卢洲，则纯受决定果。沙弥之益算，当属未定果耳”，可见后人注释《阴骘文》也是儒释道思想并举，看《广义录》中称所引三教书目也有几近一半的佛教典籍。

① 吴定勇：《试论慧远对佛教因果报应学说的发展》，《西南民族学院学报》，1993年06期

《文昌帝君阴骘文》这部道教善书于三教之思想兼收并蓄，旨在劝善止恶，其中征引佛教思想性的东西甚多，有些是有意征引，如戒杀放生性的条文；有些是所引之典故看似是本土的儒家的故事，实际上是受佛教影响产生的，如“救蚁中状元之选”的宋郊故事，后来被儒释道三教共同引为典范。通过以上分析，可知“宋郊救蚁”故事之来源具有佛教影响，也因此说明《文昌帝君阴骘文》在成书过程中受到了佛教影响，这也正是佛教在中国本土化的过程中潜移默化的文化交流现象。

第四编

化缘现象与观音文化研究

浅析古代佛教中的募化现象

于君方《观音：菩萨中国化的演变》述评

◎周上群　吴　华

第一章　浅析古代佛教中的募化现象

佛教中僧人募化（化缘）乞食这一行为，佛陀并没有禁止。根据佛家遗教，沙门当“不耕垦田，不贮财谷，乞食纳衣，头陀为务”①，虽然随着佛教的发展，僧众开始耕田务农，且部分寺院拥有一定的恒产及经济来源，但募化这一行为并没有完全退出僧众的生活。甚至寺院还专门设置了“化主”这一职位，在《（重雕补注）禅苑清规》中记载了各个僧职的名称及其职责：“夫两桂垂阴一华现瑞，自而丛林之设，要之本为僧众。是以开示众僧故有长老；表仪众僧故有首座；……为众僧乞丐故有街坊化主；为众僧执劳故有园头磨头庄主。”② 由此可见，在佛教寺院中募化应是比较普遍的现象。本文拟对其募化的目的做一番梳理，并探讨募化得以实现的基础和原因。

第一节　募化的几种类型

僧人出行募化，具体的目的不一，根据募化所要达到的目的可将募化分为以下几种类型：

① （唐）道宣撰：《广弘明集》卷七，《大正藏》第52册，第130页上。

② （宋）宗赜集：《（重雕补注）禅苑清规》卷八，《卍续藏》第63册，第543页上。

1. 修庙建塔

庙宇不仅是僧侣们遮风避雨、坐卧修行的空间建筑，更是一种身份地位的象征，是将自身与世俗社会区别开来的神圣空间。庙宇殿堂的存在关系到佛教的传播，也关系着一座寺院的兴衰，寄托着佛教信徒、僧侣的宗教情怀。因此，修建寺庙，于僧侣来说是一件很重要的事情。从历史上看，寺院的建成有多种方式，有皇帝敕建的，有信徒舍宅为寺的，也有的是靠僧侣募化修建而成的。关于募化建寺的记载有不少，如《蜀中广记》中，根据高僧传的记载，成都净众寺是由僧人无相募化而建："高僧传云，僧无相，新罗国人，开元十六年至成都，募化檀越造净众寺。"① 在《钦定盘山志》中有记载说，报恩寺因为年久失修，昔日辉煌之模样已不再，寺中有志僧人不忍如此，便奔走募化重兴此寺：

> 寺有僧尼宏存者，恻然伤赧然不胜愤，毅然中起向檀越极力募化。日奔走于蓟于平谷于三河，更不远二百里至都下，跋涉之履几穿矣。以得金百两，搜材鸠工，日经营而补葺之。由是正殿两廊颓者毕起突焉，改观靡不整也，靡不丽也，辉辉金碧，晃心映目②。

又如《为霖禅师旅泊庵稿》中有一篇《重兴开元寺大雄宝殿记》记载开元寺一大雄宝殿建成已有两百多年，而如今已是破败不堪，倾颓已不可复支，于是寺内僧众向为霖禅师请言，希望能为重修殿宇出一份力：

> 今一大雄宝殿则明正统间顺聪二公所建，凡历一十三载始克有成，迄今二百有余年。栋宇差脱，梁柱朽腐，虽以小木东柱西撑，而势已不可复支矣。康熙十一年岁在壬子二月朔，余应供寺中，僧众鸣钟出迎入殿礼佛。举首仰观则岌乎疑将压焉，不觉悚然。于是耆德尚节君颂元栋性彻等稽首请曰："此殿朽弊极矣，苟一旦倾仆，则佛菩

① （明）曹学佺撰：《蜀中广记》卷二，《四库全书》史部。

② （清）蒋溥等撰：《钦定盘山志》卷六，《四库全书》史部。

萨圣像俱成虀粉矣。和尚可不施一茎草为兹殿重兴发起之缘乎?”余恻然于中唯然而诺。窃思此寺，溪山形胜，擅名上郡，森森古栢，偃蹇殿前。且历晋宋齐梁陈隋唐宋以来已经千有余载，禅律硕德代出于其间。至于今日殿宇朽弊梁柱倾颓，岂无黄金再布绀宇重隆者乎？于是寺众佥然发心，各输衣钵，后复领缘募化四方。求大木于辰山之麓，伐礫石于水北之源，储食粮陶砖瓦。起手于明年癸丑正月念有八日，告竣于腊月八日。共糜金谷二千五百余两，皆求诸施者①。

由文中可以看出，纵然是一座历史悠久、历经千年的寺院，没有官方给予的经济支持，殿宇庙堂的修建也只能靠募化施主。且除了募化金钱外，僧众也是不遗余力不惧困难，于山中求木，水边伐石。为了振宗扬教，延续法灯，僧人们不辞劳苦，到处奔走，募化四方，实属不易。

再有，在《永觉元贤禅师广录》中提到，重建怡山长庆西禅寺时也是靠的募化：

> 自入明来，法灯渐泯。以至今日，则无论振宗扬教，不及畴昔。即栋宇之凋敝，亦几不可支矣。宪长曹公，有痛于衷，乃极力主张之。命住僧，募修大殿。今经三载，功幸告成。而法堂倾颓如故，居者抱恩，游者兴嗟。曹公之意，犹未释然也。由是住僧复发大心，再行募化。薛居士某，则首捐金以为众倡②。

当一座寺院由兴转衰，传承渐泯，其经济能力想必也是破败困难，想要重振寺院，修葺庙宇是需要一笔很大数目的财物的，出行募化也许不是唯一的途径，但在那样的条件下，不失为一种可行性较高的方法。

除了募修庙宇以外，还有的是为了募化修塔。塔是佛教的一种重要象征，其不仅用于存放舍利子，还有供奉佛像、佛经，安置经卷之用。塔的修建于寺院、于僧侣都具有重大意义，在《法玺印禅师语录》中有一篇向

① 《为霖禅师旅泊庵稿》卷四，《卍续藏》第72册，第710页上。

② 道霈重编：《永觉元贤禅师广录》卷十七，《卍续藏》第72册，第485页中。

檀越募化修塔的募疏：

> 豫章海昏之有同安者，唐朝古刹也。自同安和尚开山，而常察禅师居第二代，三代得丕禅师宗风大振，至今曹洞龙象遍天下，悉皆丕祖之脚下儿孙。由是列祖代振法席，指难数屈。山僧于壬寅年滥厕祖位，见道场在荆棘丛中，慨有兴复之志。兹喜殿宇佛像渐已就绪，每当鹤唳天霜，莺啼春老之际，拽杖拨草，寻获常察禅师之塔，犹存佛头峰顶。若开山并丕祖高僧普同诸塔，虽存有基址，而狐窠兔穴，风吹雨浸，将有所不忍闻，不忍见者夫？蛙虫朝迁暮返，弗忘其本，乌羽返哺，犹知报恩，岂忝在法门如秦人视越之肥瘠乎？或檀信长者，或曹洞后昆，闻风翕然，挥金助砌，当同阿育王造塔涌出，震旦大放光明，普天匝地，沾恩去也。勉旃望之①。

此募疏中将募化的缘由和目的告知大众，希望施主们能慷慨解囊助其修塔。

关于募化修庙建塔的资料还有很多，在此就不再详举。

2. 募化藏经

藏经于寺院，是支撑其精神的隐形文化；于僧人，是其修行传法的基础。一座寺院不能只有呈现于外的建筑空间，还需有精神食粮。当寺院无经济能力自行刻印经藏时，向外募化也是在所难免之事。

《紫竹林颛愚衡和尚语录》中载有多篇募化藏经疏，其中一篇说道讲师融公感慨听其讲法者得旨者少，是因为较少受到佛法熏习，因此决定让其受法弟子同心普化请大藏经，并让愚衡和尚为其作募化藏经疏：

> 观讲师融公甘此淡薄始终法席，可谓亲承佛嘱，是真法师也。法席将罢，深慨听众虽有，其得旨者少，皆佛法熏习之缘浅耳。因留心此地作一佛法因缘，念诸方都有藏经，独此地未有，乃从未有者建

① （清）印说等编：《法玺印禅师语录》卷十二，《嘉兴藏》第28册，第825页上。

立，劝受法弟子三十人同心普化请大藏经供养此地。为光明幢使见者闻者随喜赞叹者搜阅受持者渐熏渐习、渐染渐深，同下菩提种子，同抽菩提芽，长菩提苗，成菩提树，开菩提花，结菩提果也。此非乘宿愿而来，何能有此胜举？因求病僧为疏，某自知不文，见其利生愿重，弘法心切，聊书此语以通高贤，更希嘉题同成胜事云尔①。

此疏中，已将募化目的明确表达，募化藏经并不是为了一己私利，而是为了能教化众生，赞扬佛法。该语录中还记载了其他寺庙募化藏经的募疏："兹报恩寺亦古寺也，荒废多年。有皮公乃笃厚之士，从病僧受优婆塞戒，发心修复此寺，约同去六兴化二公建造观音大士阁，请大藏经。"②又如《法玺印禅师语录》中亦有黄檗山报恩光孝禅寺募请书本藏经的记载："幸有孙允吉公者，发坚固心，行广大行，叩浙省嘉郡泥首，振铃三越岁，乃感檀度施若干册，以全藏较之，十有二耳，余为先师重刻录，附藏寓嘉禾之。"③ 且此文中有提到，藏经是丛林之大观，人天之要，具不可缺。由此观之，无藏经之寺，行募化之事也确属必须之举。

3. 其他类型

以上不论是为募修塔庙还是募请书本藏经，都是比较宏观的目的，为的都是寺院的整体建设。除此之外，也有着为了僧众的日常生活和集体利益而募化的。《百丈清规证义记》中有一段记载："化主种种不同。凡丛林淡薄无产，或遇荒年粮不足当请米麦化主。或系大修殿宇，当请修造化主、此外更有菜化主、盐化主、草鞋化主、香烛化主等。"④ 由此可知，僧人募化所涵盖的面还是比较广的，可谓吃行用方面皆有涉及。

关于募化米菜等食物，《为霖道霈禅师餐香录》中有记载："灵虚（虚）慧林二上人，送米到山请上堂。今日灵虚（虚）慧林二上人，在建

① （清）观衡说，正印重编：《紫竹林颛愚衡和尚语录》卷十，《嘉兴藏》第28册，第708页上。

② 同上书，第709页上。

③ （清）印说等编：《法玺印禅师语录》卷十二，《嘉兴藏》第28册，第826页中。

④ （清）仪润证义：《百丈清规证义记》卷六，《卍续藏》第63册，第454页下。

宁县募化斋米，送到鼓山，供养大众。”① 在《百丈清规证义记》中有提到某寺因僧侣众多，而又缺乏资粮，无奈只能向外募化：“计唯赖于檀护，伏愿仁人长者，大施拯济之功，其广釜钟之惠。或舍麦，可充三粥；或施菜米，味入六和。一斛百斛，随力缘而喜舍；千升万升，凭欢喜以捐输。一言一物，无非功德；或捐或劝，总是善因。”② 不难看出，这是一篇向俗众乞化食物的募化文。

有时候僧人们不仅化米，也会化茶，如《紫竹林颛愚衡和尚语录》中记载的一篇《募茶疏》：

> 卢仝七碗，千载共仰嘉名。赵老一杯，万古常沾法。味入口者，双睛电掣；濡唇者，两腋风生。昏沉魔闻风落胆，谁敢交锋？疲倦鬼望影失魂，岂能共战？凤髓初生，滋润高山；云雾鹊舌，才吐宜藏；深谷阴林，天生瑞草，清香不让幽兰；地长灵根，奇味休言甘露。消食如妙剂，醒酒似神丹。如斯珍品，堪以供佛供法供僧。若此清奇，可以修福修慧修寿，化无所化，功行周乎法界；舍无所舍，福德遍乎虚空。拈来一叶，生前觉树抽条；饮到三杯，劫外昙花现瑞。木侍者殷勤催化，石童子仔细烹煎。施受勿分缁白，莫论万般，皆光明心地，一等是清净道场③。

又如《法玺印禅师语录》中有一篇化茶疏：

> 冬风唤而不回，春阳发而点出。优游乎云霞堆里，茂盛乎雨露场中。收归没底篮间，快乐无烟火上。直教露者露而藏者藏，囊者囊而橐者橐。十方檀那有能信手拈来，投于宝镜清泉，烹于沩山巨釜，则卢仝碗自浮香，赵州瓶自发润，不惟同安僧众两腋生风，亦且天台罗

---

① 太泉录：《为霖道霈禅师餐香录》卷一，《卍续藏》第72册，第608页中。

② （清）仪润证义：《百丈清规证义记》卷二，《卍续藏》第63页，第391页下。

③ （清）观衡说，正印重编：《紫竹林颛愚衡和尚语录》卷十，《嘉兴藏》第28册，第708页上。

汉团圞沽味。设或有问："如何若何？"山僧只对他道："吃茶去。"①

让笔者觉得有意思的是，不同于之前的募米疏，这两篇化茶疏的文笔都很不错，前一篇笔墨流畅，较为豪迈；后一篇没有用直接的语言向大家表达其化茶的目的，而是用比较诗意的语言描述茶叶，而后又说其寺庙所处环境清幽，愿与大众共享烹茶之香，文字间似乎透着些许禅意。

除了募化米茶，还有化油、化法衣的。《法玺印禅师语录》中的《化油疏》载："今告四方檀越，八表金汤，拈来投子油瓶，一任诸方定价，举出扬岐灯盏，发挥百宝光明……太乙儞毕竟开眼，然灯佛自然眉舞。"②《紫竹林颛愚衡和尚语录》中的《募三衣疏》载："衣食随缘一丝一缕须植福于檀那，一线一针不求安于私己。欲受诸佛净戒，先乞三品法衣，大发普遍慈悲，称为踊跃喜舍，转有生之宝藏，广无上之福田。施者受者功德无殊，劝之造之解脱不二，总之清净本然，相续诸佛慧命，大概周遍法界，圆成本有法身。"③ 在此语录中还记载了其他募疏，如募田疏，募造佛像疏。这样看来，其所化之物还是较为宽泛的。

此外，笔者还在《西湖游览志》看到一则材料，关于净众寺的僧侣募化开凿池塘，其源于这座寺庙屡遭灾难，僧侣希望通过凿池禳灾："万工池在寺门外，宋建炎已前，寺累遭回禄，鞠为荆墟。崇熙间，有善青乌之术者，云须凿池以禳之。宗本乃募化。为此与力者万人，故名。"④ 从以上种种材料可以看出，几乎关于寺庙之日常生活开支，基础设施建设等，无不可以通过募化而达致顺利完成之目的。

虽然佛教中没有禁止募化行为，但也不是大力倡导，对于非理募化是明确禁止的。《梵网经直解》中说，应常教化众生修福慧之事，比如建立僧房佛塔等，但不能假公济私，非理募化："随一切行人，所行一切行门。皆应为立一切处所，令彼道人，处处得以安隐而行道故。上为修福。若乃

---

① （清）印说等编：《法玺印禅师语录》卷十二，《嘉兴藏》第28册，第825页上。

② 同上。

③ （清）观衡说，正印重编：《紫竹林颛愚衡和尚语录》卷十，《嘉兴藏》第28册，第711页中。

④ （明）田汝成著：《西湖游览志》卷三，《四库全书》史部。

非理募化，自附营修，以公济私，误因昧果，所谓天堂未就，地狱先成。如是修福，不如避罪。”① 这样的募化行为就不是修福，而是招罪了。《云栖法汇（选录）》中载有禁止非理募化的规定：“非理募化者出院”“非理募化者，一罚十”②，为什么不能非理募化？该书中记述：“云栖僧约，非理募化者出院……非理募化者，瞒因昧果。施者知之，因而退心，后遂不施。安在其能破悭也。佛世有诸弟子自远游归，所过聚落，望而闭户。问故，则畏僧之募化也。因以白佛，佛乃种种呵责。何言其不禁约也？慎之哉。”③ 不难看出，若是没有正当理由、编造借口或是以公济私而行募化，在佛教中是不允许的。

第二节　募化得以实现的原因

由上文可知，当寺院要兴修塔庙或是不能维持僧侣的日常生活的时候，向大众募化钱物便是他们的一种选择，既然如此，可推知在一般情况下，僧侣通过募化应该是能得到钱物，而募化的完成不是单方向的，是双方的互动行为。从僧侣一方来讲，为了能静心修行，不为财物所累所牵制，佛陀最初规定了不能贮存财物衣食，衣、食、卧、药方面都是通过乞食募化而得。在佛教看来，募化乞食不仅能满足自身的生存需要，用以活命，而且这一过程也是一种修行。在募化的一开始，僧侣必先为施主说妙法，令其起善心，而后才能获募化之物；如果碰到不愿施舍之人，僧侣要发大悲心，为其说正法令起舍心，这样施主也能获生胜福。并且在募化乞食时，须挨家挨户依次第，不应分别贫富之家，不能起分别之心。僧侣行乞是依佛教行增长戒品，于自身将获圆满福德与无穷智慧。如此，僧侣既完成了自身的修行，也在一定程度上教化了民众使其向善。

从民众方面来讲，如上所述，在募化开始时，僧侣都会先说法，对于

① （明）寂光直解：《梵网经直解》卷二，《卍续藏》第38册，第865页下。

② （明）袾宏：《云栖法汇（选录）》卷廿三、廿四，《嘉兴藏》第33册，第183页中，第191页中。

③ （明）袾宏：《云栖法汇（选录）》卷十四，《嘉兴藏》第33册，第58页上。

听者而言或多或少都会受到一定的影响，比如佛教中所宣扬的“布施得福”这一观念。

在佛经中，可以找到很多宣扬“布施得福”这一观念的记载。比如布施可得福报，可以成就慧行。《大般涅盘经》中有偈子：“布施者获福，慈心者无怨，为善者消恶，离欲者无恼。若行如此行，不久般涅盘。”① 《善生子经》：“与人同财利，布施者升天。”② 《中阿含经》中佛陀对比丘所说“比丘！我复作此念：‘是三业果，为三业报，令我今日有大如意足，有大威德，有大福佑，有大威神。一者布施，二者调御，三者守护。’”③ 《大集法门经》：“复次，三种福事成就慧行，是佛所说。谓布施庄严成就慧行，持戒庄严成就慧行，禅定庄严成就慧行。”④ 《中阿含经》：“若使有人因人故，得归佛、归法、归比丘僧，不疑三尊及苦、习、灭、道，成就于信，奉持禁戒，修学博闻，成就布施而得智慧。”⑤ 行布施还可以延长寿命，《长阿含经》：“其人尽不悭贪而行布施，寿命延长至五千岁。”⑥ 佛经中还说道，根据所布施的对象不同，得到的福报也有程度上的不同，《中阿含经》中佛说：“阿难！布施畜生得福百倍，施不精进人得福千倍……向阿罗诃无量，得阿罗诃无量，缘一觉无量，况复如来，无所著，等正觉耶？此十四私施得大福，得大果，得大功德，得大广报。”⑦ 在《分别布施经》中佛陀告知阿难有十四种较量布施以及相应福报：“阿难！汝今当知：施病苦人获二倍福；施破戒人获百倍福……施阿罗汉向获无量福，何况阿罗汉果；施诸缘觉获无量福，何况如来、应供、正等正觉；如是名为较量十四种布施功德。”⑧ 不仅佛陀经常教导大家要常当乐布施，《杂阿含经》中也记载有阿育王劝告诸大臣要行布施，要布施于世尊：“时，阿育王告诸

---

① （东晋）法显译：《大般涅盘经》卷二，《大正藏》第1册，第198页中。

② （西晋）支法度译：《善生子经》卷一，《大正藏》第1册，第254页下。

③ （东晋）瞿昙等译：《中阿含经》卷十一，《大正藏》第1册，第496页中。

④ （宋）施护译：《大集法门经》卷一，《大正藏》第1册，第228页中。

⑤ （东晋）瞿昙等译：《中阿含经》卷二十八，《大正藏》第1册，第605页下。

⑥ （后秦）佛陀耶舍共竺佛念译：《长阿含经》卷六，《大正藏》第1册，第41页下。

⑦ （东晋）瞿昙等译：《中阿含经》卷四十七，《大正藏》第1册，第722页中。

⑧ （宋）施护译：《分别布施经》卷一，《大正藏》第1册，第903页中。

大臣：'我以沙布施于佛，获其果报如是。云何而不修敬于世尊？'王复白优波崛言：'尊者！示我佛所，说法、游行处所，当往供养礼拜，为诸后世众生摄受善根。'"① 这些都是从正面告诉世人行布施的好处，佛经中也有从反面来讲，如果不布施会有什么结果。《铁城泥犁经》中有记载道，有一人于世间为人时，不孝父母，不事沙门道人，不布施，不畏今世后世，所以死后便堕入地狱。《泥犁经》说："人在三恶道处，难得作人，过于是□龟。何以故？三恶处人，皆无所知识亦无法令，亦不知善恶，亦不知父母，亦不知布施，更相噉食强行食弱。如此□曹人，身未曾离于屠剥脓血疮，从苦入苦、从冥入冥，恶人所更如是。"② 为人若是不布施行善，难逃三恶道，免不了肉身折磨之苦。所以佛家劝善劝布施不仅只从其能获得福报这个角度出发，同时也从不行善不布施会遭恶果这方面恫吓世人。既然如此，站在世人的立场，多做好事多行布施终归是一件好事。总结起来，这也属于佛教所宣扬的福田思想。佛经所谓"福田"，是指人们为将来的福报所做的事，就好象播田撒种可致收获③。福田事业有很多，概括起来布施算是其中的一种，《佛说诸德福田经》里提到七种福田："佛告天帝：'复有七法广施，名曰福田，行者得福，即生梵天。何谓为七？一者，兴立佛图、僧房、堂阁；二者，园果、浴池、树木清凉；三者，常施医药，疗救众病；四者，作牢坚船，济度人民；五者，安设桥梁，过度羸弱；六者，近道作井，渴乏得饮；七者，造作圊厕，施便利处。是为七事得梵天福。'"④ 其中前三者大可归为布施一类。基于佛教的发展与传播，这一类的观念势必会对人们的思想与行为产生影响，一定程度上助益了募化行为的发展，使其渐成为一种社会现象。募化现象也促进了民众做慈善的思想，中古时期有很多由居士组成的邑社，经常组织做一些慈善公益事业，例如修路、铺桥、凿井等，为公共设施的建设做贡献。由此产生的善心与慈悲不仅有助于三宝，也造福着整个社会。

---

① （刘宋）求那跋陀罗译：《杂阿含经》卷二十三，《大正藏》第2册，第166页中。

② （东晋）竺昙无兰译：《泥犁经》卷一，《大正藏》第1册，第909页中。

③ 刘淑芬著：《中古的佛教与社会》，上海：上海古籍出版社，2008年，第169页。

④ （西晋）法立，法炬译：《佛说诸德福田经》卷一，《大正藏》第16册，第777页上。

第三节　行募化的现实缘由

上述是从佛教思想影响世人方面来讲，现从经济角度来分析一下僧侣募化的原因。根据前人的研究成果来看，寺院的经济基础主要是依靠田产，寺院土地的来源有国家的赏赐，权贵富豪的捐献以及一些平民的施舍等。那些得到国家政权扶持的大寺庙，一般田产较多，且能享受免税免役的特权，想必其经济能力是不弱的，不需要向外募化。但事实的发展并不一定能尽如人愿，一些寺院也许在当朝受宠，随着帝王的变换，政权的更替，寺院受到的待遇必然会发生变化，何孝荣先生在《明代南京寺院研究》中分析指出，寺院的经济收入除了日常生活开支外，还被用来修建殿堂等。一些国家敕建的寺院，对于殿宇庙堂的修建最初是由封建政府负责，但发展到后来，寺院的修理只能由寺院自己负责，寺院修理费由也成为一项较大的经济支出①。并且有些佛教寺院还与地方士绅、农民存在田产上的纠纷，譬如因为地界划分不清晰，或是因为社会动乱，农民、士绅趁机侵占寺院田地。大寺庙尚且如此，更不用说田产较少或没有寺产的小寺庙了。《敕修百丈清规》有记载在什么情况下需要化主出去募化："凡安众处常住租入有限，必籍化主，劝化檀越随力施与，添助供众。其或恒产足用，不必多往干求取厌也。"② 也就是说，当寺院的常住有限，经济收入有限时，必须得借助化主。若是寺产够多，经济收入也足用的情况下，是不需要化主募化的。

寺院的经济实力是支撑与保障寺院、僧侣存活与发展的基础，但随着寺院经济的过分膨胀，也会为自身招致灾难，佛教史上的几次法难都与强盛的寺院经济有关。元朝时期因统治者过度崇奉藏传佛教，频繁举行各种佛事，不停地兴修寺院，且时常赏赐大量的土地与财物等，耗费了巨大的人力物力，在一定程度上或许加速了元朝的衰亡。到明朝时，元朝相关的

① 何孝荣：《明代南京寺院研究》，南开大学博士学位论文，1998 年。

② （元）德辉重编：《敕修百丈清规》卷四，《大正藏》第 48 册，第 1133 页中。

佛教政策警醒了明代的统治者，为了预防类似的情况发生，朱元璋开始抑制寺院经济。首先，太祖下令将寺院归并，严格控制寺院的数量；在田地方面，明太祖为了阻止寺院成为大土地所有者，是很少向寺院赐地的，只对极个别的寺院赏赐过，并且规定仅免除钦赐土地的税粮，寺院的其他常住田地可免杂派差役，但税粮不免；关于向寺院大量捐赠钱钞方面，太祖也是反对的，他认为僧侣集之无穷则祸增而福减①，所以他绝不捐献大量钱财给寺院以供其经营高利贷之用。由此，寺院的农业经济以及金融业都受到了相对地限制。再有，明太祖将僧人分为禅、讲、教三类，禅即禅宗，讲为讲经说法、宣讲佛教经典的僧人，教即是那些从事祈福消灾、追荐亡灵等这类法事的僧人。有明确规定教僧从事法事活动是可以收取工费的，而禅、讲僧不能参与这类活动，他们也就失去了一种经济来源。迫于这样的政策，若再加上寺院入不敷出或是完全失去经济来源时，向外募化不失为解决其经济困难的一种方法。

综上所述，募化最初产生是因为佛陀的规定，僧侣既无固定居住地也无收入，都是靠的沿街募化乞食而活，但随着佛教的发展壮大，特别在传入中国后，经历了那些信佛崇佛的统治者的大力扶持，僧侣有了固定田产，大量获赐的钱钞，有的甚至进行高利放贷，一般情况下自然不用了为了衣食而募化，尔时僧侣募化已不再仅是为了自身的生存，更多地是为了发展扩大寺院，宣传弘扬佛教。募化的过程既是修行，又能与民众多交流，且因民众对此行为的认可，所以当寺院渐趋衰败想要复兴或是在高压政策下，僧侣便能借募化的方式继续佛教的传承与发展。

① 参见《明太祖御制文集》卷十一《明施论》，黄山书社，1995年。

第二章　于君方《观音：菩萨中国化的演变》述评

于君方的观音信仰研究①开始于 20 世纪 80 年代初期，当时正值中国改革开放不久，百废待兴。其时中国的学术研究刚刚起步，国内学界忙于为学科建设奠定牢实的基础，研究重心主要集中于宏大叙事方面的历史描绘以及资料的收集与西方名著的翻译。于君方的研究放眼亚欧大陆，网罗海内外多方面的资料并采纳了多学科的研究方法，历经十五年而成《观音：菩萨中国化的演变》以下简称《观音》)。这本书的英文版于 2001 年由哥伦比亚大学出版社出版，中文繁体字版也在圣严法师的关心下于 2009 年由台湾法鼓文化出版社出版。从 1983 年开始研究，到今天 2013 年，可以说于君方的观音信仰研究已经走过了足足三十个年头了。而这一经典著作，也终于在内地开花结果了。在 2004 年已有该书中文译者之一的姚崇新教授撰写的一篇书评②进行绍介与评论。笔者在阅读《观音》的过程中，发现其中还有不少真知灼见的地方值得推举，而这些对于当前学界所倡导的立体性跨学科研究具有一定的启发作用，故不惴简陋有此探讨，还请方家指正！

① 关于详细的观音信仰学术史综述可参见李利安的《观音信仰研究现状评析》（收于李利安：《观音信仰的渊源与传播》，北京：宗教文化出版社，2008 年版，第 17～51 页），该文梳理了国内外 255 篇/部相关作品，并进行了相应评析，具有重要的参考价值。

② 姚崇新：《Chun－fang Yu，Kuan－yin：The Chinese Transformation of Avalokitesvara（于君方〈观音：观自在菩萨的中国化转变〉）》，《艺术史研究》第 6 卷，中山大学出版社，2005 年。

第一节　立体而全面的研究架构，融信仰感性与研究理性为一体

与众不同的是，于君方的《观音》中大部分章节都以作者对当代观音信仰中某些层面的观察开始，然后再深入探讨其历史渊源和发展演变。这种写法源于作者认为观音信仰不仅是一种历史现象，也是当代中国宗教一项显著的特色，她认为有充分的理由这么做，当然这些观察都是基于她本人的田野调查笔记，而她也适时指出现代信仰与其早期形态的区别。

第一章导论阐述了观音菩萨在印度的发展脉络，如五世纪以前的记述已充分证明这位菩萨存在于印度佛教信仰生活中，而这些在中国求法僧法显（334～420）以及唐玄奘（602～664）的著述中就有相关记载。接着概述了中国的佛教史，并解释该书运用的研究方法，最后简述各章内容。

第二、三、四章提供了汉译佛典和撰述中与观音信仰相关的经典与感应故事，这些是信仰的依据。于君方论证说明了在观音的转变中，有许多情况可以依据某些经典加以解释，甚至连本土经典（即所谓“疑伪经”）也不是凭空杜撰的，而是根据某些著名佛经内容所做的阐释或修改。书中主要考察了《高王观世音经》、《法华经》等。《高王观世音经》在明代入藏，至今仍是信众最爱刊印流通以造功德的一部经典。“与观音相关的经典是因为亲身经历菩萨救度奇迹的人提供见证，才得以确立其权威，同时，这些流传至今的感应故事也往往符合经典中的叙述，因此，经典与感应故事这两种文献之间具有彼此交互证成的关系。”① 关于感应故事与观音本土化的问题，于君方提出：

> 对观音的转变和本土化而言，感应故事是极具影响力的媒介，因

---

① 于君方著：《观音：菩萨中国化的演变》，陈怀宇、姚崇新、林佩莹译，北京：商务印书馆，2012 年，第 37 页。

为故事描述真实人物在确切的时空中面对危难，而得遇观音菩萨救度的经历……观音的感应故事可以提供有力的证据，证实观音在中国一向受到僧俗二众与善男信女的信奉，事实上，观音信仰的影响遍及所有的社会阶层……他们在片刻间经历观音的救度，从此生命有了深刻的转变。颂扬观音的佛典从这些故事获得验证，于是经典义理不再是抽象的教条，而是透过真实人物的亲身见证，变得实用而具体①。

由于社会上不断出现信众梦见或者亲眼所见观音菩萨示现的故事，促使来自印度的 Avalokitesvara 出现了转变，而逐渐显现出中国本土观音像的化身。在这个转变的过程中，观音菩萨信仰的发展表现了中国本土的特质与风貌。

继而，作者的研究视角从描述经典转向信仰的表现形式，提出了观音菩萨中国化的两个案例。如第五章描述的神僧信仰就探讨了宝志、僧伽两位神僧的生平以及他们在传记中逐渐转变为观音化身的几个阶段。这两位神僧都享有帝王的护持及大众的崇敬，对这两位神异僧的信仰也曾得到朝廷的支持，而且分布区域相当广。

第七、八章的千手千眼观音菩萨信仰，作者以观音出家相在信徒所见的异象或梦境中的大量案例，十一面观音在艺术中的流行，以及神僧被视为观音化身等问题进行了相互的比照。这两章呈现的是《千手经》这部密教经典赞颂的千手观音，如何先后透过一种仪式和一项传说而本土化。从佛教发展的现实情况来看，《大悲咒》的确是弘扬观音信仰最有效的媒介之一，而《大悲咒》与《千手经》究竟是出于什么原因，透过何种方式，才得以历久不衰呢？于君方追溯到宗教所赖以生存的社会历史背景。她认为宋代知礼将大悲忏仪置于道德重整和宗教复兴等历史背景中，其之所以制定大悲忏，很可能是受到唐代以降《大悲咒》盛行的影响；而这种忏法出现以后，又成为宣扬《大悲咒》与《千手经》的另一项重要途径。这种忏法能够达到这样的效果，其根本原因在于它将这位原本纯粹外来的密教神祇，置于中国的仪式中供人礼敬。

① 于君方著：《观音：菩萨中国化的演变》，第 200～201 页。

后来伴随着妙善公主传说的出现，千手千眼观世音菩萨的本土化终告圆满。妙善公主的出生与自我牺牲的神话故事使得大悲观音在中国占有一席之地，而且屹立不摇地完全化身为一位中国孝女。这使得《观音》的研究从经典和仪式转向地方性观音信仰的发展。这也就是第九章中探讨的主题，即佛典中提及的普陀珞珈山（Potalaka）是神话中的地点，传统上认为它位于印度，但中国人却将此山挪移至浙江省近海处的普陀岛。海内外善男信女朝圣进香的活动将这个中土景观彻底地佛教化。

于君方认为尽管女性观音像可能对妇女具有特别重要的意义，但是宋代以降的三种本土观音像，即白衣观音、南海观音与提篮观音像人尽皆知，不分男女老少，普受社会知识精英阶层与庶民大众的信奉。而这正是第六章与第十章从艺术造像角度进行讨论的重点。

第六章强调了异象、媒介与图像三者之间密切而相互辩证的关系。“艺术一直是中国人了解观音最有力、也最有效的媒介之一，也正是透过艺术，人们才能非常清楚地看出这位菩萨渐进而明确的性别转变。”① 于君方选取了甘肃敦煌、浙江杭州、四川大足和云南大理四个地区的观音造像来考察中国佛教艺术本土化和地域性观音像的创造，她认为这位菩萨的女性化与各地的观音信仰密切相关，这两者都是印度观音在中国本土化的重要过程。

第十章则主要探讨了鱼蓝观音和南海观音这两种女性观音化身的传说与图像。于君方在书里坦诚找不到任何证据显示观音与女娲、西王母等早期本土女神间的直接关联，即使观音与这些女神有若干相似之处。既然如此，她也就在Avalokitesvara的中国本土化脉络下探讨了观音的发展过程、媒介与转变所造成的结果。

第十一章的研究视角转向民间宗派中的观音信仰，即观音老母及其与无生老母的关联等，内容主要借助了一些新兴宗教教派的宝卷进行研究。于君方在此章中专门探究了女性观音像与妇女之间的关系，以及观音信仰对儒家传统采取的妥协作法，呼应了书中开首提到的性别与本土化议题。

在书中，于君方的目标是让读者明了观音普及于中国的过程，以及

① 于君方著：《观音：菩萨中国化的演变》，第230页。

"普及"在中国佛教和宗教中的意义。《观音》的研究范围从三至六世纪的魏晋南北朝一直延续到当代。第二至五章使用的资料属于魏晋南北朝和唐代，第六至八章则主要涵盖了宋代观音信仰的发展，而第九至十一章则考察了明清两代的趋势。因此《观音》基本上解决了如下问题："为什么观音在中国如此盛行？在中国宗教中，'盛行'代表什么意义？以及观音如何达到如此盛行的程度？"① 在第十二章中，她回顾了本书的中心要旨，并重申了一些重要发现，如观音在中国发生的转化何以能作为佛教在中国本土化的个案研究？本土传统以何种方式影响国人对这位外来菩萨的认知与观感？另外，值得反观的是，观音这位本土化的"慈悲女神"又以何种方式影响中国宗教？

第二节　纵贯而通达的研究方法，穷经典记载与生活实际为究竟

"观音菩萨的信仰当然不仅仅限于东亚，而是遍及整个亚洲"，而"观音菩萨在欧美也广为人知，这要归功于女权主义和佛教法师移居西方这两项因素"。② 既然观音信仰是如此地广泛，不局限于一时一地，并且横跨亚欧大陆，那么对于这样一个信仰主题的研究在方法上就不可能只是单行道，而应该是纵贯线式地通达无碍。于君方使用了佛教内典与史籍外典资料，通过检视经典、感应故事、神话、艺术、文学、宗教仪式、朝圣活动及民间宝卷等诸多传播媒介，然后对掌控这些媒介的僧侣、文人、诗人、艺术家和老百姓所创造出来的代表观音菩萨的新寓意和新形象进行阐述分析，考察了观音信仰在社会、历史及地理的分布状况，试图解释观音信仰何以能在中国如此根深蒂固。她认为：

比较有用的作法是揭开任何一种造像、一则故事，或一件文献在

① 于君方著：《观音：菩萨中国化的演变》，第40页。
② 同上书，第11页。

不同读者心中产生的丰富而复杂的联想，而不是赋予单一整体的含义，或将其局限于某一群人。不同的人自然以不同的方式看待、理解观音，不同的人也对这位神祇有不同的要求。因此，当一位禅僧以一幅白衣观音像作为禅观对象时，他看观音的角度必然有别于渴望得子的明代文人。同样的道理，一位妇女听到妙善公主故事之后，她的反应也不会和听到故事的儒家官绅或佛寺住持一模一样。对大悲忏仪的解读也是如此，参加者会因具有义学僧身份，或普通在家信徒的身份而有所差异。观音信仰的吸引力，正是因了这种多样性和多种意义的特质①。

于君方主张："艺术创作应该被视为宗教信仰与仪式的一部分，这些艺术品本来就是作为圣像之用，供人礼拜。"② 当然，中国观音新造像的创作不仅与中国佛教及佛教艺术的地方性特色有关，而且也与佛教义理、仪式和百姓的祈愿礼敬等息息相关。在相关性如此复杂而广泛的情况下，对中国观音信仰进行研究，就不能使用单一的方法。就像作者在书中所强调的：

> 不仅有必要运用不同的学科和各种资料，而且时时探究佛教与本土文化和宗教传统的关系也很重要。当我们在中国文化、宗教、历史和社会的脉络中思考观音的问题时，便可理解 Avalokitesvara 何以能够（也的确）在中国变为女神③。

针对观音佛典信仰出处的研究，于君方采用的是角色重要性递增的类型学，从而让读者更好地理解为什么中国人挑选某些特定经典，也借此突显了观音作为救度者的核心角色。她考察了将观音作为佛的胁侍菩萨之一的《成具光明定意经》、《法镜经》、《维摩诘经》、《无量寿经》、《大阿弥陀

① 于君方著：《观音：菩萨中国化的演变》，第 487 页。
② 同上书，第 200 页。
③ 同上书，第 487 页。

经》等，进而又考察了将观音作为后继阿弥陀佛的未来佛的《观世音授记经》、《悲华经》、《观世音菩萨往生净土本缘经》，再更进一步考察了观音作为众生的救度者的角色《法华经》《观无量寿佛经》等，对这些经典的教义及其中观音角色重要性的考察，可以让读者对观音信仰历史的演变有一个清晰而明显的线索。并对相关概念有详细的了解，正如《法华经·普门品》中表明的听闻或称念这位菩萨名号是信众得救的主要原因，并由于其与光的关系密切，因此称为“光世音”。书中还专门讨论了观音化身问题。从经典记载与生活实际相连接的关系来看，于君方这种方式的研究无疑为社会大众提供了一种认识观音信仰的方便法门，为从究竟完整的意义上理解观音信仰奠定了不可磨灭的基础。

第三节　个案至整体的研究视域，从观音信仰到宗教史学的写作

对于宗教研究个案与宗教史的写作，不同的研究者均有自己的理念与方法。从《观音》一书中也可以看到于君方的独到见解。她的《观音》既可以作为个案研究的代表作，又可以作为宗教史著述的杰出作品。她深信检视一个宗教的发展脉络时，还要关注当时当地其他宗教的发展概况。“中国的各种宗教就像中国人一样，不是存在于孤立、分隔的空间中，它们彼此对话——有时甚至争吵——并相互借用、提供资源。”① 在书中，随处可见作者笔下透露出的对于宗教史写作的看法，试举三例如下：

1. 对疑伪经的态度

这方面的论题一直是中国佛教与道教研究中所避不开的话题，也就是关于本土经典和真经之间的关系，以及在中国接受佛教或观音信仰这方面，本土经典所扮演的角色，于君方认为：

首先，尽管本土经典撰写于中国，但均以正统佛经为基础，在宗教思

① 于君方著：《观音：菩萨中国化的演变》，第30页。

想和实践方法上，两者是一致的。法华、净土与密教教义是主要的思想基础，而要获得道果，持名和念诵陀罗尼是万无一失的途径。《高王经》确立于《法华经》和陀罗尼经的基础上（主要依据《千手经》，且自陀罗尼经中撷取若干陀罗尼）。创造不等于伪造，本土经典的作者通常有饶富新意的“再包装”，这或许可以称作本土经典的保守特质。

其次，本土经典虽然保守，却能同时展现创意和独立自主。例如《高王经》比《法华经》更简洁。其他本土经典也试图使宗教修行更加简便易行，在这过程中，它们有时批判、挑战正统。

最后，本土经典的作者们坚持将本土经典的起源与历史上真实人物的感应经历联结，借此可以将佛教的普遍真理特殊化、地方化和个人化，使其根植于中国。这样一来，真理不再是历史传说中的佛陀在遥远印度的开示，而是观音在每个当下的示现。在中国观音信仰的建立、发展过程中，本土经典无疑扮演了相当重要的角色，将原本普世救度的菩萨，转变为深受中国人爱戴的中国佛教神祇，在这过程中，本土经典一如感应录、朝山进香和造像，也是不可或缺的媒介之一。①

于君方的这种态度无疑表明了她对于疑伪经所保持的认可，以及对其实际产生社会影响的正面积极评价。

2. 对宗教圣地的研究

于君方提出“中国佛教圣地的分布，取决于大菩萨示现的地点。”② 普陀山成为全国与全世界观音信仰的朝圣中心，过程缓慢，且相当晚才出现；其发展始于10世纪，16世纪渐成气候，18世纪以后才达到巅峰。普陀山能够超越内地的信仰中心，是因为它宣称是“普陀洛迦”，也就是《华严经》中所提及的观音菩萨居住的岛屿。中国普陀洛迦山的建立者在使这座岛屿和这些深具影响力的经典产生关联的同时也纳入内地各地方朝圣中心发展出的观音传说及造像艺术要素。观音的感应事迹促使这些中心

---

① 于君方著：《观音：菩萨中国化的演变》，第156～157页。

② 同上书，第354页。

兴起，也造成相关的地方传统[①]。

于君方认为只有当观音与某些特定地点产生关联，人们也开始到这些地方朝圣时，观音信仰才真正在中国生根。观音朝圣地激增的另一个原因，是因为这位菩萨在中国经历大规模的同化过程。在所有佛教重要神祇中，只有观音产生性别转变，也因此顺利地全然中国化。因为观音在中国极为盛行，各地纷纷出现许多观音信仰中心。感应故事让观音确立于这些地方，且在过程中赋予观音在中国本土的生平及造像[②]。

于君方提出崇拜同一神祇的各朝圣中心之间的关系值得审慎研究。能否探讨中国境内的地方性、全国性，甚至国际性的朝山圣地？它们是否总是为了获得社会声望及信众护持而互别苗头呢？或者应该问：有些朝圣地是否利用历史较悠久、地位较稳固的圣地之名，以证实本身新近公认的灵验？她认为观音信仰及其分散多处的朝山圣地，正好是开展研究的理想范例。因此在研究普陀山成为中国普陀洛迦山的途径及过程中，她还透过内地其他朝山圣地来检视这些发展，从朝山圣地兴衰之中了解中国宗教的社会史。这些对朝圣地的研究，将可能是宗教社会史学写作中故事发生发展的重要平台，因此，于君方的这一研究对于宗教地理学，也有一定的启发意义。

3. 佛教中国化与女性观音的形成

相对于一些研究中国佛教的学者提出的“汉化”或称“中国化”（sinification）的概念，于君方则偏好以“转变”（transformation）或“本土化”（domestication）等词汇来描述这种佛教适应东道国的现象，她认为这两个词汇用于观音菩萨特别贴切，原因在于观音在某些亚洲国家中经历了许多转变——具有不同的身份、呈现不同的艺术造像，并且产生不同的宗教实践与仪式。于君方提出：“在这过程中，这位菩萨经历了本土化，以满足东道国本身的利益和需求。因此，我使用‘本土化’一词，一如其

① 于君方著：《观音：菩萨中国化的演变》，第355页。

② 同上书，第356页。

他学者在指称佛教在中国以外文化区域的适应过程时运用这个词汇。”① 她还进一步提出了东道国由于固有文化传统所做的取舍，导致观音菩萨的本土化。

而具体到女性观音的形成上，她认为：

> 观音的女性化与道教的新发展一样，皆可视为对寺院佛教和理学的父权立场所作的回应——理学其实可说是中国宋朝以降的国教。如果这两种传统不乏女性象征和女性修行者，观音或许不会经历性别的转变。我们可以将这点与前已提及的两项因素一并考量，亦即中国已具有王权意识形态，因此有别于观音在其他亚洲国家的情形，观音在中国并未与王权产生关联；又因中国本土传统中没有普世救度者，观音能够也的确极为成功地填补此一空缺②。

于君方认为佛教的长处就是始终能补足本土传统之所缺，这就是为何在所有的外来宗教中，唯有佛教能够在中土落地生根，成为中国三大宗教之一。

各种不同的女性观音像是如何产生的呢？感应事迹与朝圣传统可能是最初的诱因，艺术与文学接着加以推广。于君方认为每种主要女性观音像，原先都以某一地区为根据地，与某一段生平故事有关，并且以某一造像呈现。例如，妙善公主起初在河南受人供奉，马郎妇（鱼蓝观音）在陕西，白衣观音在杭州，而南海观音则在普陀岛。如此一来，原为外来男性神祇的观音就转化为女性救世者，具有明确而完整的中国身份。当检视与普陀山有关的感应故事时，就有可能发现这些不同形象的观音同时存在。同样地，当研究南海观音的图像时，也会发现其他观音像的痕迹。任何一种造像不但不曾抹灭其他造像，反而透过“重叠（superscription）”的过程，使南海观音不仅成功地保留原有的特性，同时也因为其他观音形象蕴含的神话传说，变得更丰富。这一切可以追溯到不同的观音造像，虽不尽

① 于君方著：《观音：菩萨中国化的演变》，第17页。

② 同上书，第34～35页。

相同，甚至个别看待时不免彼此矛盾，却能互相证明其真实性，也强化信徒眼中观音的灵验①。

就像书中提到的：即使白衣观音最初透过密教仪式文献传入中国，但其信仰最终能在中国成功地建立，应归功于一些宣扬白衣观音为送子女神的本土经典。白衣观音的图像经过汉化，而且如同妙善公主，她最后也有了极具中国特色的传记——《妙音宝卷》②。白衣观音促使明清时期出现一种繁衍子嗣的信仰，在有关白衣观音的本土经典、仪式和感应故事纷纷出现的情况下，一般大众开始称之为“送子观音”。因此 Avalokitesvara 在中国转变为女性的过程，与这位菩萨的本土化和在地化密不可分③。

于君方认为：“舍僧侣而选择女性作为观音的化身，不但反映观音在艺术中的性别转化，也反映宋代新型居士佛教团体的兴起，这种新兴佛教形态主张在家居士的宗教实践具有同样的正当性，同时也提供更多机会，让妇女参与宗教活动。”④

第四节　余论

《观音》中不乏真知灼见与学术闪光点，可深入讨论之处亦甚多，以下仅提两处，作抛砖引玉之用。

1. 可商榷之处

如关于观音菩萨信仰为什么能在这么多亚洲国家成功地扎根，于君方认为至少有两个原因。第一，在印度除了佛陀以外，只有少数几位菩萨成为广受大众信仰的对象，而观音菩萨即是其中之一。第二个原因则与佛教这个宗教本身的特质有关。一如佛教在印度与信奉《吠陀》为圣典的婆罗门教和印度教并行不悖。它传入其他国家时，也从来没有试图取代当地的

① 于君方著：《观音：菩萨中国化的演变》，第 446～448 页。
② 同上书，第 258 页。
③ 同上书，第 267 页。
④ 同上书，第 38 页。

宗教。观音菩萨的情形也是如此，观音菩萨在各地的名号虽不尽相同，但南亚、东南亚和东亚佛教文化地区的佛教徒都知晓并且信奉这位菩萨。①

这个原因的概括或许有点不充分，其第二点即不能代表整个佛教僧团的发展，犹如佛陀在世时所批评的外道，以及后来的各种辩论等。应该说佛教的僧团作为一个宗教组织还是具有一定的排他性的，并非全然与婆罗门教等其他宗教并行不悖，而且其他宗教组织与之亦经常进行各种智慧与力量的权衡与比较，因此，即使在印度，各地各宗教团体的不平衡发展也是事实。后来佛教在印度的彻底毁灭也是有原因的，不能以后来佛教在中国的发展来说明两千多年前的印度佛教。

2. 可延伸之处

于君方在第九章中检视了成功打造普陀洛迦山的几项关键因素，其中包括了普陀山的起源神话、朝山香客所见的观音示现、香客对观音灵迹的见证，以及岛上僧人与苦行者促进普陀声誉的行谊等。其中还讲到了朝山进香中的经济活动，包含朝圣者的来源、情况及其活动。这里面就提到了这么一个名词“香头”。书中讲到香客通常参加“香头”（处理实际事务的领队）带领的“香队”到杭州朝圣。另外，有些香队还有号称“佛头”的宗教领队，佛头会诵经、唱进香歌、进入出神忘我的状态而成为“活菩萨”（观音的代言人），以及在香队中为人治病。在该章的注释 5 还记载了一个治病的故事：

> 一位 45 岁、来自苏州的活菩萨告诉我她的故事。她出身赤贫农户，本身有四个孩子，且为病痛所苦。二十年前她突然哑然失声，说不出话来，三年后她再度恢复说话能力，并发现自己是‘上天竺大菩萨’的女儿，于是从 1980 年开始，她就一直以佛头的身份来上天竺寺进香。她说经常进入出神忘我的状态，需要五名女弟子的协助，此时她会成为观音的代言人（俗称菩萨开口），在整个过程中，她的神志清醒，知道自己在说什么，但她无法预知何时会进入这种状态。在

① 于君方著：《观音：菩萨中国化的演变》，第 13 页。

我遇见她的当日，她在回复正常意识状态后，还治疗了几位病人①。

这种情况在中国的民间应该说是有一定代表性的，虽不可泛泛断言其存在范围具有普遍性，但是在不少地方确实存在这种情况，而这个也反映了一些民间信仰的情况。关于这种在民间社会中所存在的情况，其与正统佛教之间的关系，以及类似“香头”、“佛头”的“活菩萨”情形，这些人在民间为民“排忧解难”的过程中所产生的正面影响与负面效果，恐怕值得研究者的留心与关注。

① 于君方著：《观音：菩萨中国化的演变》，第529页。

关键词索引

（斜线前为关键词，斜线后为页码）

T

W

X

Y

Z

后　记

中外文明交流史的疏理，离不开对宗教文化的考察。宗教文化的研究不是一蹴而就的事情，需要长期的学习与研究。对佛教社会文化史的研究，是当前宗教史学研究的前沿所在。这几年来，段玉明老师专门为我们开办了佛学沙龙，每周定期训练我们阅读文献与撰写论文的基本能力。惭愧的是，我们经常感到诚惶诚恐，生怕一落笔就展示了自己在学术领域中的无知，生怕辜负了老师多年来的用心栽培。如果说，我们能在学问之路上前进一点点，那一定离不开老师的鼓励与支持！

本书第一编的写作，系于 2012 年 2 月受郑明君居士启发，初稿完成之后，段玉明老师、杨子路师兄、郭恒师姐等均曾提出修改意见。特此说明并致谢意！

感谢施维老师厚爱，将此书列入当代原创性学术著作系统集成——《长江学术文献大系》中出版，使我们的研究成果能够更好地传播和保存！

感谢谢正强兄、张永宏兄、张慧敏师姐对本书的关心与帮助！

本书的撰写分工情况如下：吴华撰写第一编和第四编第二章，黄豪撰写第二编，郭俊良撰写第三编，周上群撰写第四编第一章。

本书的编排与撰写是我们佛学方向四位同学多年来学习的心得体会，由于笔者的学术视野与写作水平有限，文章尚不成熟，敬请方家批评指正！

编者

2015 年 3 月